潘雨廷著作

先秦古籍选辑释义

二观二玩斋易说

潘雨廷 著

作家出版社

引 言

潘雨廷先生（1925—1991），上海人，当代著名易学家。生前曾任华东师范大学古籍研究所教授、中国《周易》研究会副会长、上海道教协会副会长。潘雨廷先生早年就读于上海圣约翰大学教育系，毕业后先后师从周善培、唐文治、熊十力、马一浮、杨践形、薛学潜等先生研究中西学术，专心致志于学问数十载，融会贯通，自成一家，在国际国内有相当的影响。潘雨廷先生毕生研究的重点是宇宙与古今事物的变化，并有志于贯通东西方文化之间的联系，对中华学术中的《周易》和道教，有深入的体验和心得。本书由张文江根据潘雨廷夫人金德仪女士保存的遗稿整理而成。

《先秦古籍选辑释义》选取先秦典籍，分析其核心思想。《二观二玩斋易说》汇聚论说易道之文，记录了作者的读易过程。

目 次

先秦古籍选辑释义

甲编

乙编

丙编

附录

二观二玩斋易说

甲编：二观二玩斋易说

乙编：二观二玩斋易说（续）

丙编：如篇集

附录

先秦古籍选辑释义

甲　编

前言

今日综观吾国文化思想的精神是在周代，且有其发展的渊源。自从清末殷墟的发现及最近又发现西周甲骨等等，对先秦古籍的记录，逐渐认识其重要性与正确性，故有进一步深入研究的必要。以下选辑先秦古籍并释其大义，以时间论，约在公元前十一世纪至公元前221年秦始皇统一。东西周延续凡八百余年，贵在认识其整个时代的思潮，尤宜注意当时对自然科学的认识。

至于先秦古籍的写作时代难免混乱，而先秦思想的分类亦变化多端。对古籍本身的辨伪工作，更未可忽视。选辑的基本标准，宜以《史记》的介绍为出发点。考《史记》所记录的商代帝王，与殷墟甲骨的记载相同。可见汉初尚存有文献，决非司马迁所杜撰。有关周室八百余年的重要史迹，更可信之。今取其二，其一：有关纪年问题，自共和（时当公元前841年）起，《史记》已每年有记录，故八百余年的周室史迹，有六百二十余年的纪年完全准确，其价值不言而喻。若由伐纣至共和二百余年，大体仍可考见。有此纪年的客观标准，始可了解先秦古籍的时代性。其二：先秦思想的分类问题。司马迁于自序中，录其父司马谈的《六家要旨》，此可为研究先秦思想的基础，故以此文入门。全书之编辑，时代以上推为次，以期由流及源。盖以考古发掘所得之实物为证，更能理解先秦古籍所载的实质性问题，未可仅以文学角度视之。其实质性问题，就是对客观世界的认识。诸子百家各有其观点，或内或外，或近或远，或广或狭，或整体或局部，或自然或人事，或工或农，或商或贾，或史或巫，或君或民，各因其所处而畅言所得，此周代所以有灿烂的文化思想。于数百年间言之不已者，在于对客观世界的认识，能因时代进展而日益加深，决非简单的重复。及秦始皇统一，情况完全不同，主要已有成见。未久而汉兴，文景之尚黄老，已非先秦之黄老。武帝之尚儒，尤非先秦之孔子。欲理解先秦的文化思想，必须直接研习先秦古籍。此选辑仅一脔耳，主要目的在显示吾国先秦的整体思想，而此整体思想似即西方学者视之为东方文明者。虽然东方文明应包括秦汉后二千余年的文化，今探其根源乃在先秦，一如西方文化溯源于希腊。

由此选辑而能见东方文明的特色，可引申触类而广之，由古而今，由东而西，人类文化的发展，何可有时空之限。若由周室八百余年之时空，能否以达无限之时空，此在学者之有以明之，故古为今用，既未可简单照搬，亦未尝无可通之理。以生物进化论，二三千年不啻一瞬，又迄今仍有实用意义的中医整体理论，实起自先秦。

周代纪年表

周武王克商（约公元 -1100 年）			西周	周
武王（克商后 2 年崩）				
成王（37 年）				
康王（26 年）				
昭王（19 年）				
穆王（55 年）				
恭王（12 年）				
懿王（25 年）				
孝王（9 年）				
夷王（8 年）				
厉王（25 年）				
庚申—癸酉	共和 14 年（-841——-828）			
甲戌—己未	宣王 46 年（-827——-782）			
庚申—庚午	幽王 11 年（-781——-771）			
辛未	平王元年（-770）		春秋时代	东周
己未	四十九年（-722）	春秋		
庚戌	灵王二十一年（-551）孔子生			
庚申	敬王三十九年（-481）			
壬戌	四十一年（-479）孔子卒			
乙丑	四十四年（-476）			
丙寅	元王元年（-475）		战国时代	
乙亥	贞定王三年（-466）三家分晋			
乙巳	赧王五十九年（-256）秦昭襄王迁西周公			
壬子	秦庄襄王元年（-249）灭东西周，周祀亡			
乙卯	秦王政元年（-246）			
庚辰	秦王政二十六年（-221）		统一六国	

《史记·孟子荀卿列传》选

孟轲乃述唐、虞、三代之德，是以所如者不合。退而与万章之徒序《诗》《书》，述仲尼之意，作《孟子》七篇。其后有驺子之属。

齐有三邹子。其前驺忌，以鼓琴干威王，因及国政，封为成侯而受相印，先孟子。

其次驺衍，后孟子。驺衍睹有国者益淫侈，不能尚德，若《大雅》整之于身，施及黎庶矣。乃深观阴阳消息而作怪迂之变，《终始》《大圣》之篇十余万言。其语闳大不经，必先验小物，推而大之，至于无垠。先序今以上至黄帝，学者所共术，大并世盛衰，因载其禨祥度制，推而远之，至天地未生，窈冥不可考而原也。先列中国名山大川，通谷禽兽，水土所殖，物类所珍，因而推之，及海外人之所不能睹。称引天地剖判以来，五德转移，治各有宜，而符应若兹。以为儒者所谓中国者，于天下乃八十一分居其一分耳。中国名曰赤县神州。赤县神州内自有九州，禹之序九州是也，不得为州数。中国外如赤县神州者九，乃所谓九州也。于是有裨海环之，人民禽兽莫能相通者，如一区中者，乃为一州。如此者九，乃有大瀛海环其外，天地之际焉。其术皆此类也。然要其归，必止乎仁义节俭，君臣上下六亲之施，始也滥耳。王公大人初见其术，惧然顾化，其后不能行之。

是以驺子重于齐。适梁，惠王郊迎，执宾主之礼。适赵，平原君侧行撇席。如燕，昭王拥彗先驱，请列弟子之座而受业，筑碣石宫，身亲往师之。作《主运》。其游诸侯见尊礼如此，岂与仲尼菜色陈蔡，孟轲困于齐梁同乎哉。

自驺衍与齐之稷下先生，如淳于髡、慎到、环渊、接子、田骈、驺奭之徒，各著书言治乱之事，以干世主，岂可胜道哉。

驺奭者，齐诸驺子，亦颇采驺衍之术以纪文。

于是齐王嘉之。

《邹子》释义

《汉书·艺文志》著录《邹子》四十九篇，尚有《邹子终始》五十六篇，今皆佚。齐有三驺子，以驺衍为主。《史记》附载其思想事迹于《孟子荀卿列传》，淳于髡、慎到、环渊、接子、田骈、邹奭之徒，各著书言治乱之事，后人以“稷下派”目之。衍之术怪迂宏大，齐人颂之曰“谈天衍”。

按衍生之时在孟子后，基本与荀子同时，然荀子在楚，衍在齐，曾至魏赵。得志于诸侯之事，既非孔孟所及，亦非同时之荀子所及。其书虽佚，其所阐明的五德转移之理，于秦汉后，对吾国思想有重要影响。或即以五德转移之理起于衍，则未是。荀子说明子思、孟子“案往旧造说五行”，不可不信。《论语》载：“子张问十世可知也？子曰：殷因于夏礼，所损益可知也。周因于殷礼，所损益可知也。其或继周者，虽百世可知也。”此指考察三代相继的礼法损益以知百世，即“原始反终”之理，亦就是重视史鉴以定人类发展的方向。于其所损益的礼法，三代决不相同，而由已知的史鉴，方能制礼作乐以为当世的任务，则莫不相同。故既知三代的礼法损益，可知历代的礼法。至于详察史鉴，当时已了解社会的发展，必本客观存在的自然科学规律，则十世仅三百年，故概言三千年且可知，何疑三百年的不可知。此鉴古知来的思想，就是“人能弘道，非道弘人”的思想。或未究其实，容易理解为无实的空言及迷信的妄言。

若当时所理解的礼乐，本身亦含有自然科学的原理，此与天干地支的象数有关。由孔子而子思（-482——-402），正当战国初期，乃发展礼乐的象数。取五行转移之理，实以五德，由孟子继子思而发扬之。此学派在战国中期极流行，由荀子的大力斥之，可证其盛。及邹衍时，自然科学有所发展，主要由天象以明确南方无极而有极。当既成天圜之象，自然能推得大九洲之象，此必有当时的实测证明，始能得诸侯之尊敬，决非徒赖其空言。由是进一步理解五行生克之理，乃能深入民心。

今考阴阳五行之理，于周代早已存在，当时的作用在律历与医理，且子思、孟子之取五行，重在明辨德行间的关系。虽知与律历相通，尚未得天象的究竟。邹衍完成其天圜的认识，可视为当时对自然科学的大发现。后为吕不韦所用，而五行之理乃历久不衰。惜汉后失其质而存其文，其书且佚，自然不知其详。乃五行生克之理，虽大发展于汉，而失其实，汉后惟医卜星相取之，而仍有发展。邹衍对自然科学的贡献，始终未得正确的评价，因为汉初已不知其重要性。

于五行生克之理，今宜先以纯数学的原理，认识其价值，然后考察其各方面的应用是否适当。至于邹衍之用于天文人事，有其思想来源。于天文本诸名家惠施，又上及墨辩；于人事即发展子思孟子之说。于衍之后有奭继之，奭之卒已可及秦之统一。《史记》以齐诸邹子称邹奭，可见邹氏于齐为望族，忌、衍、奭乃著名者。齐国传邹氏之学者必不乏其人，乃五德转移之理，能大行于天下。齐杜田生传《易》，重阴阳，然自然有合于五行之说。汉三家易中，尚以孟氏易为异党者，乃施与梁丘门户之陋见，未足以语先秦之易。

《荀子》选

《非十二子篇》第六

假今之世，饰邪说，文奸言，以枭乱天下，矞宇嵬琐，使天下混然不知是非治乱之所存者，有人矣。

纵情性，安恣睢，禽兽行，不足以合文通治；然而其持之有故，其言之成理，足以欺惑愚众；是它嚣、魏牟也。

忍情性，綦溪利跂，苟以分异人为高，不足以合大众，明大分，然而其持之有故，其言之成理，足以欺惑愚众；是陈仲、史鳅也。

不知一天下建国家之权称，上功用，大俭约而僈差等，曾不足以容辨异，县君臣；然而其持之有故，其言之成理，足以欺惑愚众；是墨翟、宋钘也。

尚法而无法，下修而好作，上则取听于上，下则取从于俗，终日言成文典，反紃察之，则倜然无所归宿，不可以经国定分；然而其持之有故，其言之成理，足以欺惑愚众；是慎到、田骈也。

不法先王，不是礼义，而好治怪说，玩琦辞，甚察而不惠，辩而无用，多事而寡功，不可以为治纲纪；然而其持之有故，其言之成理，足以欺惑愚众；是惠施、邓析也。

略法先王而不知其统，犹然而材剧志大，闻见杂博。案往旧造说，谓之五行，甚僻违而无类，幽隐而无说，闭约而无解。案饰其辞，而只敬之，曰：此真先君子之言也。子思唱之，孟轲和之。世俗之沟犹瞀儒嚾嚾然不知其所非也，遂受而传之，以为仲尼、子游为兹厚于后世，是则子思、孟轲之罪也。

若夫总方略，齐言行，一统类，而群天下之英杰，而告之以大古，教之以至顺，奥窔之间，簟席之上，敛然圣王之文章具焉，佛然平世之俗起焉，六说者不能入也，十二子者不能亲也。无置锥之地，而王公不能与之争名，在一大夫之位，则一君不能独畜，一国不能独容，成名况乎诸侯，莫不愿以为臣，是圣人之不得埶者也，仲尼、子弓是也。

一天下，财万物，长养人民，兼利天下，通达之属莫不从服，六说者立息，十二子者迁化，则圣人之得埶者，舜、禹是也。

今夫仁人也，将何务哉？上则法舜、禹之制，下则法仲尼、子弓之义，以务息十二子之说。如是，则天下之害除，仁人之事毕，圣王之迹著矣。

弟佗其冠，神禫其辞，禹行而舜趋，是子张氏之贱儒也。正其衣冠，齐其颜色，嗛然而终日不言，是子夏氏之贱儒也。偷儒惮事，无廉耻而耆饮食，必曰“君子固不用力”，是子游氏之贱儒也。

彼君子则不然。佚而不惰，劳而不僈，宗原应变，曲得其宜，如是，然后圣人也。

《非十二子篇》释义

按它嚣、魏牟犹道家，不取一切礼法，故斥之为禽兽之行。魏牟为魏国之公子，其思想情况，今《庄子·秋水篇》中，尚记有魏牟取庄子之言以斥公孙龙之说。《汉书·艺文志》道家有《公子牟》四篇，今已佚。它嚣事迹失考，然既与魏牟同言，可知其亦属道家。

陈仲子事迹，可参见《孟子·滕文公章句下》。匡章视陈仲子为齐国廉士中之巨擘，而孟子斥之为“充仲子之操，则蚓而后可者也”。史鳍大夫，字子鱼，亦以直名。荀子于《不苟篇》尚以“盗名不如盗货”，故其斥陈仲、史鳍尚“不如盗”。此派盖愤世俗之贪而不苟取，然偏于清高而有盗名之失，乃有志于道而尚未闻道者也。

墨翟、宋钘属墨家。宋钘宋人，孟子作宋牼，见《告子章句下》。孟子语之曰：“先生之志则大矣，先生之号则不可。”

慎到、田骈《庄子·天下篇》亦以“不知道”视之，然曰“虽然，概乎皆尝有闻者也”。尚与彭蒙连类及之，其思想间于道家与法家的分歧处。

惠施、邓析属名家与法家，其相通处皆以“甚察”为事。

子思、孟轲“案往旧造说，谓之五行”，是其发展儒家的主要处。以前皆谓五行五德之说起于邹衍，实则当信荀子之言，乃子思、孟轲已案往旧造说。可见五行生克之说，早在子思前流行，子思则取而实之五德。今于马王堆出土文物中，于甲本《老子》后附有《五行篇》，反复以明仁义礼智圣为五行。由是以读《中庸》，如曰：“唯天下至圣，为能聪明睿知，足以有临也。宽裕温柔，足以有容也。发强刚毅，足以有执也。斋庄中正，足以有敬也。文理密察，足以有别也。”即以圣有临属土，仁有容属木，义有执属金，礼有敬属火，智有别属水。又《孟子·尽心章句下》，孟子曰：“口之于味也，目之于色也，耳之于声也，鼻之于臭也，四肢之于安佚也，性也有命焉，君子不谓性也。仁之于父子也，义之于君臣也，礼之于宾主也，智之于贤者也，圣人之于天道也，命也有性焉，君子不谓命也。”更明白说出五行与性命的关系。凡此可证实，时当战国初期已取阴阳五行的象数，合诸儒家的具体行动。此为孔子之孙子思所发展，即齐鲁学说的初步结合。推原《周易》十翼之作，亦属此派儒者之言。

若荀子盖属仲尼、子弓之传，故其尊孔子已与孟子之尊孔子不同。最后更斥子张、子夏、子游为贱儒，亦见儒者之名虽同，其言行已大异。宜其弟子韩非即继之而不主于儒，因所谓儒者已未可究诘，其何以辨真伪。荀子尚欲孜孜以辨之，已属子弓之儒而非仲尼之儒，此不可不辨。子弓者，或以仲弓当之，或以传《易》的馯臂子弓当之。

《韩非子》选

《显学篇》第五十

世之显学，儒、墨也。儒之所至，孔丘也。墨之所至，墨翟也。自孔子之死也，有子张之儒，有子思之儒，有颜氏之儒，有孟氏之儒，有漆雕氏之儒，有仲良氏之儒，有孙氏之儒，有乐正氏之儒。自墨子之死也，有相里氏之墨，有相夫氏之墨，有邓陵氏之墨。故孔、墨之后，儒分为八，墨离为三，取舍相反不同，而皆自谓真孔、墨。孔、墨不可复生，将谁使定后世之学乎？孔子、墨子俱道尧、舜，而取舍不同，皆自谓真尧、舜。尧、舜不复生，将谁使定儒、墨之诚乎？殷、周七百余岁，虞、夏二千余岁，而不能定儒、墨之真，今乃欲审尧、舜之道于三千岁之前，意者其不可必乎！无参验而必之者，愚也；弗能必而据之者，诬也。故明据先王，必定尧、舜者，非愚则诬也。愚诬之学，杂反之行，明主弗受也。

墨者之葬也，冬日冬服，夏日夏服，桐棺三寸，服丧三月，世主以为俭而礼之。儒者破家而葬，服丧三年，大毁扶杖，世主以为孝而礼之。夫是墨子之俭，将非孔子之侈也；是孔子之孝，将非墨子之戾也。今孝戾侈俭俱在儒、墨，而上兼礼之。漆雕之议，不色挠，不目逃，行曲则违于臧获，行直则怒于诸侯，世主以为廉而礼之。宋荣子之议，设不斗争，取不随仇，不羞囹圄，见侮不辱，世主以为宽而礼之。夫是漆雕之廉，将非宋荣之恕也；是宋荣之宽，将非漆雕之暴也。今宽廉恕暴俱在二子，人主兼而礼之。自愚诬之学、杂反之辞争，而人主俱听之，故海内之士，言无定术，行无常议。夫冰炭不同器而久，寒暑不兼时而至，杂反之学不两立而治。今兼听杂学缪行同异之辞，安得无乱乎。听行如此，其于治人，又必然矣。

今世之学士语治者，多曰："与贫穷地以实无资。"今夫与人相善也，无丰年旁入之利而独以完给者，非力则俭也。与人相善也，无饥馑疾疚祸罪之殃独以贫穷者，非侈则惰也。侈而惰者贫，而力而俭者富。今上征敛于富人以布施于贫家，是夺力俭而与侈惰也，而欲索民之疾作而节用，不可得也。

今有人于此，义不入危城，不处军旅，不以天下大利易其胫一毛，世主必从而礼之，贵其智而高其行，以为轻物重生之士也。夫上所以陈良田大宅，设爵禄，所以易民死命也。今上尊贵轻物重生之士，而索民之出死而重殉上事，不可得也。

藏书策，习谈论，聚徒役，服文学而议说，世主必从而礼之，曰："敬贤士，先王之道也。"夫吏之所税，耕者也；而上之所养，学士也。耕者则重税，学士则多赏，而索民之疾作而少言谈，不可得也。

立节参明，执操不侵，怨言过于耳，必随之以剑，世主必从而礼之，以为自好之士。夫斩首之劳不赏，而家斗之勇尊显，而索民之疾战距敌而无私斗，不可得也。

国平则养儒侠，难至则用介士。所养者非所用，所用者非所养，此所以乱也。且夫人主于听学也，若是其言，宜布之官而用其身；若非其言，宜去其身而息其端。今以为是也而弗布于官，以为非也而不息其端。是而不用，非而不息，乱亡之道也。

澹台子羽，君子之容也，仲尼几而取之，与处久而行不称其貌。宰予之辞，雅而文也，仲尼几而取之，与处久而智不充其辩。故孔子曰："以容取人乎，失之子羽；以言取人乎，失之宰予。"故以仲尼之智而有失实之声。今之新辩滥乎宰予，而世主之听眩乎仲尼，为悦其言，因任其身，则焉得无失乎。是以魏任孟卯之辩而有华下之患，赵任马服之辩而有长平之祸。此二者，任辩之失也。夫视锻锡而察青黄，区冶不能以必剑；水击鹄雁，陆断驹马，则臧获不疑钝利。发齿吻形容，伯乐不能以必马；授车就驾而观其末涂，则臧获不疑驽良。观容服，听辞言，仲尼不能以必士；试之官职，课其功伐，则庸人不疑于愚智。故明主之吏，宰相必起于州部，猛将必发于卒伍。夫有功者必赏，则爵禄厚而愈劝；迁官袭级，则官职大而愈治。夫爵禄大而官职治，王之道也。

磐石千里，不可谓富；象人百万，不可谓强。石非不大，数非不众也，而不可谓富强者，磐不生粟，象人不可使距敌也。今商官技艺之士亦不垦而食，是地不垦，与磐石一贯也。儒侠毋军劳显而荣者，则民不使，与象人同事也。夫祸知磐石象人，而不知祸商官儒侠为不垦之地、不使之民，不知事类者也。

故敌国之君王虽说吾义，吾弗入贡而臣；关内之侯虽非吾行，吾必使执禽而朝。是故力多则人朝，力寡则朝于人，故明君务力。夫严家无悍虏，而慈母有败子。吾以此知威势之可以禁暴，而德厚之不足以止乱也。

夫圣人之治国，不恃人之为吾善也，而用其不得为非也。恃人之为吾善也，境内不什数；用人不得为非，一国可使齐。

为治者用众而舍寡，故不务德而务法。夫必恃自直之箭，百世无矢；恃自圜之木，千世无轮矣。自直之箭，自圜之木，百世无有一，然而世皆乘车射禽者何也？隐栝之道用也。虽有不恃隐栝而有自直之箭、自圜之木，良工弗贵也。何则？乘者非一人，射者非一发也。不恃赏罚而恃自善之民，明主弗贵也。何则？国法不可失，而所治非一人也。故有术之君，不随适然之善，而行必然之道。

今或谓人曰，“使子必智而寿”，则世必以为狂。夫智，性也；寿，命也。性命者，非所学于人也，而以人之所不能为说人，此世之所以谓之为狂也。谓之不能然，则是谕也。夫谕，性也。以仁义教人，是以智与寿说人也，有度之主弗受也。故善毛啬、西施之美，无益吾面；用脂泽粉黛，则倍其初。言先王之仁义，无益于治；明吾法度，必吾赏罚者，亦国之脂泽粉黛也。故明主急其助而缓其颂，故不道仁义。

今巫祝之祝人曰：“使若千秋万岁。”千秋万岁之声聒耳，而一日之寿无征于人，此人所以简巫祝也。今世儒者之说人主，不言今之所以为治，而语已治之功；不审官法之事，不察奸邪之情，而皆道上古之传誉、先王之成功。儒者饰辞曰：“听吾言则可以霸王。”此说者之巫祝，有度之主不受也。故明主举实事，去无用，不道仁义者故，不听学者之言。

今不知治者必曰：“得民之心。”欲得民之心而可以为治，则是伊尹、管仲无所用也，将听民而已矣。民智之不可用，犹婴儿之心也。夫婴儿不剔首则腹痛，不副痤则寖益。剔首、副痤，必一人抱之，慈母治之，然犹啼呼不止，婴儿子不知犯其所小苦，致其所大利也。今上急耕田垦草以厚民产也，而以上为酷；修刑重罚以为禁邪也，而以上为严；征赋钱粟以实仓库，且以救饥馑、备军旅也，而以上为贪；境内必知介而无私解，并力疾斗，所以禽虏也，而以上为暴。此四者所以治安也，而民不知悦也。夫求圣通之士者，为民知之不足师用。昔禹决江濬河而民聚瓦石，子产开亩树桑郑人谤訾。禹利天下，子产存郑，皆以受谤，夫民智之不足用亦明矣。故举士而求贤智，为政而期适民，皆乱之端，未可与为治也。

《显学篇》释义

读《韩非子·显学篇》，可见当时各国思想的丰富多彩。儒分为八，墨离为三，儒墨的争鸣何等兴盛，尚有杨朱派的不拔一毛，守藏家的精通史事。侠介之士，各有所守，官商之职，各有所事。尤可贵者，已有致力于改进人种的科学家。使子必智而寿，乃“上医医未病”的积极作用。虽然，于百家争鸣中难免有巫祝之声聒耳，此见对“长生久视”生命欲的迫切要求，必存在于上层阶级中，与“民不畏死，奈何以死惧之”的民众思想，有很大的差别。如此至赜的生动形象，赖此篇以保存。暂不论儒、墨、名、法的是非，或与下引《吕氏春秋》并读，其气象的不同，自然可喻。一字千金之誉，亦非偶然。其间有一主要差别，吕不韦已合于当时自然科学的理论，因天地方圜的数理，能直接指导当时的生产力，与韩非子的空论各家思想的不同，未可同日而语。且韩非子未能究其不同之故，则古今中外将于何处觅得明主以辨此是非。要而言之，韩非子尚见异而未见其同。盖其同在法，惜执法者未遇皋陶，不得不遗恨以殉法。后人凭吊其《孤愤》《说难》之情，可谓历史上的一大悲剧。

又此文谓“殷周七百余岁，虞夏二千余岁”，“尧舜之道于三千岁之前”。此当先秦尚留有古籍时的记录，今知韩非子卒于公元前233年，殷周之际约当公元前1100年左右，所谓七百余岁甚合。若虞夏之际至殷周之际，凡二千余岁。故合计尧舜之际至韩非子之时约三千岁。今以半坡大河村龙山出土的新石器文物考之，皆当距今五千年上下，其时已进入农业社会，信而有征。然则韩非子所说尧至秦的约数可取，故黄帝距今宜在五千年前。于四千余年前有洪水之灾，亦可肯定是事实。因治水有功而为群众所拥戴的夏禹，自然有其人。且当时如一无文化，又何必治水，故孔子于《尚书》断自夏禹所继承的尧舜，决非偶然。以今观之距孔子二千五百年，孔子距尧舜亦二千五百年，所谓吾国有五千年的文化，已可确然无疑。

《吕氏春秋》选

《季春纪》第三《圜道》

天道圜，地道方。圣王法之，所以立上下。何以说天道之圜也？精气一上一下，圜周复杂，无所稽留，故曰天道圜。何以说地道之方也？万物殊类殊形，皆有分职，不能相为，故曰地道方。主执圜，臣处方，方圜不易，其国乃昌。

日夜一周，圜道也。月躔二十八宿，轸与角属，圜道也。精行四时，一上一下，各与遇，圜道也。物动则萌，萌而生，生而长，长而大，大而成，成乃衰，衰乃杀，杀乃藏，圜道也。云气西行，云云然，冬夏不辍；水泉东流，日夜不休，上不竭，下不满，小为大，重为轻，圜道也。黄帝曰："帝无常处也，有处者乃无处也。"以言不刑蹇，圜道也。人之窍九，一有所居则八虚，八虚甚久则身毙。故唯而听，唯止；听而视，听止，以言说一。一不欲留，留运为败，圜道也。一也齐至贵，莫知其原，莫知其端，莫知其始，莫知其终，而万物以为宗。圣王法之，以令其性，以定其正，以出号令。令出于主口，官职受而行之，日夜不休，宣通下究，瀸于民心，遂于四方，还周复归，至于主所，圜道也。

令圜，则可不可、善不善无所壅矣。无所壅者，主道通也。故令者，人主之所以为命也，贤不肖安危之所定也。人之有形体四枝，其能使之也，为其感而必知也。感而不知，则形体四枝不使矣。人臣亦然，号令不感，则不得而使矣。有之而不使，不若无有。主也者，使非有者也，舜、禹、汤、武皆然。

先王之立高官也，必使之方，方则分定，分定则下不相隐。尧、舜，贤主也，皆以贤者为后，不肯与其子孙，犹若立官必使之方。今世之人主，皆欲世勿失矣，而与其子孙，立官不能使之方，以私欲乱之也。何哉，其所欲者之远，而所知者之近也。今五音之无不应也，其分审也。宫、徵、商、羽、角，各处其处，音皆调均，不可以相违，此所以无不受也。贤主之立官有似于此。百官各处其职，治其事以待主，主无不安矣。以此治国，国无不利矣。以此备患，患无由至矣。

《季冬纪》第十二《序意》

维秦八年，岁在涒滩，秋甲子朔。朔之日，良人请问十二纪。文信侯曰：尝得学黄帝之所以诲颛顼矣。爰有大圜在上，大矩在下，汝能法之，为民父母。盖闻古之清世，是法天地。凡十二纪者，所以纪治乱存亡也，所以知寿夭吉凶也。上揆之天，下验之地，中审之人，若此则是非可不可无所遁矣。天曰顺，顺维生；地曰固，固维宁；人曰信，信维听。三者咸当，无为而行。行也者，行其理也。行数，循其理，平其私。夫私视使目盲，私听使耳聋，私虑使心狂。三者皆私设精，则智无由公。智不公，则福日衰，灾日隆，以日倪而西望知之。

《吕氏春秋》释义

《吕氏春秋·序意》曰："维秦八年，岁在涒滩。"按，涒滩为申。以吕不韦的史迹核之，当指公元前241庚申，然于秦非八年，乃始皇六年。或以太岁超辰之理明之，未免迂曲。此八年的纪时，系指庄襄王元年灭东西周而周祀亡。因赧王虽灭于乙巳（-256），尚有西周公奉周祀，周祀止于庄襄王元年壬子（-249），则伐纣所兴之周室始为秦灭。故庄襄王二年起，已无奉祀之周天子，是谓秦元年癸丑（-248）。当秦政元年乙卯（-245）实已秦三年，乃岁在涒滩（庚申，-241），维秦八年。

吕不韦用此纪时，尚见其重视传贤的尧舜之道，《圜道篇》中已明言。此一思想与秦政的思想，绝不能相容，其所以被杀，即此可喻。所言君臣圜方之道，正秦后二千余年的吾国政治原则，然其合诸自然天象，有其不可不循的自然原理。十二纪即《礼记》中的《月令》，自谓尝得黄帝之所以诲颛顼矣。盖亦当时的古说，所以发展儒家《尚书》断自尧舜的古史观。考《论语》已及尧传舜重在天之历数。于历数可视为尧曾加密而未必所自创，此仅指方圜十二纪及天地人三才之理，则经战国的上推，反更得事实。今由新石器时代遗迹的连续发现，时间皆在距今五千年以上，基本已进入农业社会，则于历法必须有所知。吾国于秦后，主要恢复儒家之说，故黄帝之事迹更属渺茫。如《内经》托名岐黄固属事实，然医理全由巫术而产生较合理的治疗方法，自黄帝始极有可能，此所以有岐黄的托名。凡医理必合天时，即人参天地的整体观。《圜道篇》由历而及律，凡阴阳五行天干地支的象数，必须包括律历二方面。唯有律历的客观事实，乃由外取诸物而近取诸身，庶能产生医理的象数。

《吕氏春秋》或视为杂家之言，所谓杂家，盖已能博取各家之长。唯有博取，庶有统一思想以得一整体之可能性。此整体性概念相对于各家而成，无各家独立的事实，不可能有杂家。就吕不韦本身论，亦无所谓杂家，志有统一六国以秦代周的具体行动，自然有相应于行动的思想。此统一周室八百余年的各家思想，全在《吕氏春秋》中显出，然周祀虽绝，六国尚在，故与秦的思想仍不同。秦政尚须用李斯所取于韩非子的法家思想，以得其整体概念。由是整体概念，始有重在某一家的情况。及汉兴而尚黄老，即于整体中突出道家，其后成董仲舒的思想，就在整体中突出儒家。其实汉后的所谓儒，与先秦所认识的儒完全不同。《吕氏春秋》似在总结儒的整体思想，必须深入研究全书，非可泛论。

最后须说明全书结构的象数。凡分纪、览、论三部分。纪分十二，乃取十二月以当天运。览分为八，得八八六十四篇。论分六，得六六三十六篇。可以见以纪为圜，以八览六论为方，天地方圜之理为当时自然科学的象数。方取八六者，八即八卦，六即六爻。凡干支卦爻自然的象数，东周时早已各国通用。秦焚书而视《易》为卜筮书，可见《易》非儒家的专用书，实当时视为认识自然科学的工具书。凡能成一重要的哲学思想，决不可忽略当时自然科学的基本认识论。

《庄子》选

《天下篇》第三十三

天下之治方术者多矣，皆以其有为不可加矣。古之所谓道术者，果恶乎在？曰：“无乎不在。”曰：“神何由降？明何由出？”“圣有所生，王有所成，皆原于一。”不离于宗，谓之天人。不离于精，谓之神人。不离于真，谓之至人。以天为宗，以德为本，以道为门，兆于变化，谓之圣人。以仁为恩，以义为理，以礼为行，以乐为和，熏然慈仁，谓之君子。以法为分，以名为表，以参为验，以稽为决，其数一二三四是也，百官以此相齿。以事为常，以衣食为主，蕃息畜藏，老弱孤寡为意，皆有以养，民之理也。古之人其备乎！配神明，醇天地，育万物，和天下，泽及百姓，明于本数，系于末度，六通四辟，小大精粗，其运无乎不在。其明而在数度者，旧法、世传之史尚多有之。其在于《诗》《书》《礼》《乐》者，邹鲁之士、搢绅先生多能明之。《诗》以道志，《书》以道事，《礼》以道行，《乐》以道和，《易》以道阴阳，《春秋》以道名分。其数散于天下而设于中国者，百家之学时或称而道之。天下大乱，贤圣不明，道德不一。天下多得一察焉以自好。譬如耳目鼻口，皆有所明，不能相通。犹百家众技也，皆有所长，时有所用。虽然，不该不遍，一曲之士也。判天地之美，析万物之理，察古人之全，寡能备于天地之美，称神明之容。是故内圣外王之道，闇而不明，郁而不发，天下之人各为其所欲焉以自为方。悲夫！百家往而不反，必不合矣！后世之学者，不幸不见天地之纯，古人之大体，道术将为天下裂。

不侈于后世，不靡于万物，不晖于数度，以绳墨自矫而备世之急。古之道术有在于是者，墨翟、禽滑厘闻其风而说之。为之大过，已之大顺。作为《非乐》，命之曰《节用》。生不歌，死无服。墨子泛爱、兼利而非斗，其道不怒。又好学而博，不异。不与先王同，毁古之礼乐。黄帝有《咸池》，尧有《大章》，舜有《大韶》，禹有《大夏》，汤有《大濩》，文王有辟雍之乐，武王、周公作《武》。古之丧礼，贵贱有仪，上下有等。天子棺椁七重，诸侯五重，大夫三重，士再重。今墨子独生不歌，死不服，桐棺三寸而无椁，以为法式。以此教人，恐不爱人；以此自行，固不爱己。未败墨子道。虽然，歌而非歌，哭而非哭，乐而非乐，是果类乎。其生也勤，其死也薄，其道大觳。使人忧，使人悲，其行难为也，恐其不可以为圣人之道，反天下之心，天下不堪。墨子虽独能任，奈天下何。离于天下，其去王也远矣。墨子称道曰："昔禹之湮洪水，决江河而通四夷九州也。名山三百，支川三千，小者无数。禹亲自操橐耜而九杂天下之川。腓无胈，胫无毛，沐甚雨，栉疾风，置万国。禹大圣也，而形劳天下也如此。"使后世之墨者，多以裘褐为衣，以屐蹻为服，日夜不休，以自苦为极，曰："不能如此，非禹之道也，不足谓墨。"相里勤之弟子、五侯之徒，南方之墨者若获、已齿、邓陵子之属，俱诵《墨经》，而倍谲不同，相谓别墨。以坚白同异之辩相訾，以奇偶不仵之辞相应。以巨子为圣人，皆愿为之尸。冀得为其后世，至今不决。墨翟、禽滑厘之意则是，其行则非也。将使后世之墨者，必以自苦腓无胈、胫无毛相进而已矣。乱之上也，治之下也。虽然，墨子真天下之好也，将求之不得也，虽枯槁不舍也。才士也夫！

不累于俗，不饰于物，不苟于人，不忮于众。愿天下之安宁以活民命，人我之养，毕足而止，以此白心。古之道术有在于是者，宋钘、尹文闻其风而悦之。作为华山之冠以自表，接万物以别宥为始。语心之容，命之曰："心之行。"以聏合欢，以调海内。请欲置之以为主。见侮不辱，救民之斗。禁攻寝兵，救世之战。以此周行天下，上说下教。虽天下不取，强聒而不舍者也。故曰：上下见厌而强见也。虽然，其为人太多，其自为太少，曰："请欲固置五升之饭足矣。"先生恐不得饱，弟子虽饥，不忘天下，日夜不休。曰："我必得活哉！"图傲乎救世之士哉！曰："君子不为苛察，不以身假物。"以为无益于天下者，明之不如已也。以禁攻寝兵为外，以情欲寡浅为内。其小大精粗，其行适至是而止。

公而不党，易而无私，决然无主，趣物而不两，不顾于虑，不谋于知，于物无择，与之俱往。古之道术有在于是者，彭蒙、田骈、慎到闻其风而悦之。齐万物以为首，曰："天能覆之而不能载之，地能载之而不能覆之，大道能包之而不能辨之。"知万物皆有所可，有所不可。故曰："选则不遍，教则不至，道则无遗者矣。"是故慎到弃知去己，而缘不得已。泠汰于物，以为道理。曰："知不知，将薄知而后邻伤之者也。"謑髁无任，而笑天下之尚贤也。纵脱无行，而非天下之大圣。椎拍輐断，与物宛转。舍是与非，苟可以免。不师知虑，不知前后，魏然而已矣。推而后行，曳而后往。若飘风之还，若羽之旋，若磨石之隧，全而无非，动静无过，未尝有罪。是何故？夫无知之物，无建己之患，无用知之累，动静不离于理，是以终身无誉。故曰：“至于若无知之物而已，无用贤圣，夫块不失道。”豪杰相与笑之曰：“慎到之道，非生人之行，而至死人之理，适得怪焉。”田骈亦然，学于彭蒙，得不教焉。彭蒙之师曰：“古之道人，至于莫之是、莫之非而已矣。其风窢然，恶可而言。”常反人，不见观，而不免于鲩断。其所谓道非道，而所言之韪不免于非。彭蒙、田骈、慎到不知道，虽然，概乎皆尝有闻者也。

以本为精，以物为粗，以有积为不足，澹然独与神明居。古之道术有在于是者，关尹、老聃闻其风而悦之。建之以常、无、有，主之以太一。以濡弱谦下为表，以空虚不毁万物为实。关尹曰：“在己无居，形物自著。其动若水，其静若镜，其应若响。芴乎若亡，寂乎若清。同焉者和，得焉者失。未尝先人而常随人。”老聃曰：“知其雄，守其雌，为天下溪；知其白，守其辱，为天下谷。”人皆取先，己独取后。曰：“受天下之垢”。人皆取实，己独取虚。无藏也故有余，岿然而有余。其行身也，徐而不费。无为也而笑巧。人皆求福，己独曲全，曰：“苟免于咎。”以深为根，以约为纪，曰：“坚则毁矣，锐则挫矣”。常宽容于物，不削于人。可谓至极，关尹、老聃乎，古之博大真人哉！

芴漠无形，变化无常。死与？生与？天地并与？神明往与？芒乎何之？忽乎何适？万物毕罗，莫足以归。古之道术有在于是者，庄周闻其风而悦之。以谬悠之说，荒唐之言，无端崖之辞，时恣纵而不傥，不以觭见之也。以天下为沈浊，不可与庄语。以卮言为曼衍，以重言为真，以寓言为广。独与天地精神往来，而不敖倪于万物。不谴是非，以与世俗处。其书虽环玮，而连犿无伤也。其辞虽参差，而諔诡可观。彼其充实不可以已。上与造物者游，而下与外死生、无终始者为友。其于本也，弘大而辟，深闳而肆。其于宗也，可谓稠适而上遂矣。虽然，其应于化而解于物也，其理不竭，其来不蜕，芒乎昧乎，未之尽者。

惠施多方，其书五车，其道舛驳，其言也不中。历物之意，曰："至大无外，谓之大一；至小无内，谓之小一。无厚不可积也，其大千里。天与地卑，山与泽平。日方中方睨，物方生方死。大同而与小同异，此之谓'小同异'；万物毕同毕异，此之谓'大同异'。南方无穷而有穷。今日适越而昔来。连环可解也。我知天之中央，燕之北、越之南是也。泛爱万物，天地一体也。"惠施以此为大观于天下而晓辩者，天下之辩者相与乐之。卵有毛。鸡三足。郢有天下。犬可以为羊。马有卵。丁子有尾。火不热。山出口。轮不蹍地。目不见。指不至，至不绝。龟长于蛇。矩不方，规不可以为圆。凿不围枘。飞鸟之景，未尝动也。镞矢之疾，而有不行不止之时。狗非犬。黄马骊牛三。白狗黑。孤驹未尝有母。一尺之棰，日取其半，万世不竭。辩者以此与惠施相应，终身无穷。桓团、公孙龙辩者之徒，饰人之心，易人之意，能胜人之口，不能服人之心，辩者之囿也。惠施日以其知与人之辩，特与天下之辩者为怪，此其柢也。然惠施之口谈，自以为最贤，曰："天地其壮乎。"施存雄而无术。南方有倚人焉，曰黄缭，问天地所以不坠不陷，风雨雷霆之故。惠施不辞而应，不虑而对，遍为万物说。说而不休，多而无已，犹以为寡，益之以怪，以反人为实，而欲以胜人为名，是以与众不适也。弱于德，强于物，其涂隩矣。由天地之道观惠施之能，其犹一蚊一虻之劳者也。其于物也何庸！夫充一尚可曰愈，贵道几矣！惠施不能以此自宁，散于万物而不厌，卒以善辩为名。惜乎，惠施之才！骀荡而不得，逐万物而不反，是穷响以声，形与影竞走也，悲夫！

《天下篇》释义

读《庄子》者，当先读《天下》篇。是篇犹全书之后序，以庄言叙出道术原委。庄子之象，悉在其中，非若其他三十二篇，皆为寓言重言卮言是也。盖全书既成，理当明言著书之旨，即此篇之义。不沉浊者，始可与语。

全篇凡七段。自“天下之治方术者多矣”至“道术将为天下裂”为第一段。自“不侈于后世”至“才士也夫”为第二段。自“不累于俗”至“其行适至是而止”为第三段。自“公而不当”至“概乎皆尝有闻者也”为第四段。自“以本为精”至“古之博大真人哉”为第五段。自“芴漠无形”至“未之尽者”为第六段。自“惠施多方”至“形与影竞走也悲夫”为第七段。

此七段中以第一段为总冒，谓古之道术无乎不在。惜治方术者，皆以其有为不可加，则道术将为天下裂，非后学之不幸欤。庄子者，感之也切，思之也深。乃并陈百家众技之方术，是是非非，小小大大，生生死死，天天人人，斥一曲之士，以归于道术而已矣。所谓道术者，一也。一而神明，生内圣，成外王。得之者五，曰天人、神人、至人、圣人、君子。天人之不离于宗，得乎天一者也，属至阳赫赫之象。神人之不离于精，阴阳不测之谓。邈哉姑射之山，非阴非阳，处于天地之间，直且为人将反于宗。反宗者，太极复乾元之象也。至人之不离于真，故又名真人。县解也，祥金也，有得乎地二，属至阴肃肃之象。圣人者，宗天人之天，本至人之真，因神人之道为门。消息焉，变化焉，肃肃出乎天，赫赫发乎地。注然勃然，莫不出焉，油然漻然，莫不入焉。夫道生一，一生二，二生三。盖一与言为二，二与一为三，一非神乎。神而天，二非天真乎。兆于天德而变化，圣人非三乎。若君子之慈仁犹阴阳，以辨仁义礼乐，非四乎。其数一二三四，此之谓也。得之者明数度以格物，配神明以养民，教以诗书礼乐，化以阴阳名分，育万物，和天下，内圣外王之道术全矣。邹鲁之士缙绅先生多能明之，百家之学时或称之。奈明而执其迹，糟魄而已，鲁哀公时儒者一人耳。称而不该不遍，曲士而已。百家众技皆方术耳，此天下之所以大乱欤。虽然，自知方术而以方术自视，若耳目鼻口之皆有所明，道术岂舍之哉。唯必以方术灭道术，裂之毁之，郁之弃之，将不见天地之纯，古人之大体，悲夫。原庄子著书之旨，盖藏天下于天下，还方术于方术，然后道术显焉。若神明圣王之道，六艺经史之理，古已有之。孔子者，述而不作，集其大成也。惜孔子没而微言绝，七十子之徒尚未得其全。况百余年后之战国，莫不有儒之名，无儒之实。故庄子于此，特指其实，去其名，既不言儒，复不称孔子，有以也。不然犹为一曲之儒，而堕于儒墨之是非，尚足当道术乎。

以下六段，各为方术，可概天下之说。其次如下：一、墨翟禽滑厘。二、宋钘尹文。三、彭蒙田骈慎到。四、关尹老聃。五、庄周。六、惠施。究其相次之理，盖由外而内。若墨翟禽滑厘，纯乎外者也。必自苦以腓无胈胫无毛，乱之上也，治之天下，此外王之失。若宋钘尹文，尚为人多而自为少，然已优于墨翟禽滑厘之自苦。若彭蒙田骈慎到，恰当外内之间，以成无知之物，推而后行，曳而后往，非生人之行，死人之理也。若关尹老聃已有得乎内，博大真人，内圣生焉。最后为惠施者，务外多方而不执于一方。然内心未得其真，仅得于多方之辩，以有涯随无涯，逐万物而不反，形影竞走，非内圣之失乎。而庄子者，自处于关尹老聃与惠施之间。义谓上承真人之内圣，下以多方之惠施为质，故能独与天地精神往来而不敖倪于万物，得其心，游其境，不亦逍遥乎哉。

再者，凡此六派以老庄为主，皆有得无失。或不知雄而守雌，不知白而守黑，不知荣而守辱，始为老子之失。形同实异，已非老子，彭蒙辈之不知道是也。或万物毕罗而有所归，稠适而下遂，始为庄子之失。其相颠倒，已非庄子，惠施之不厌而骀荡是也。以惠施见庄周之宗，以彭蒙见老聃之真。得真得宗，何失之有。且庄子神明之芒忽，非与神明居，何以观其往。故庄子之道，基于老子。老子者，庄子之静。庄子者，老子之动也。

又庄子论墨家曰，“墨翟禽滑厘之意则是，其行则非也”。孟子谓宋牼曰，“先生之志则大矣，先生之号则不可也”，宋牼即宋钘。此论二派之得失，皆一语中的。盖外王之道，不以经史六艺，其何以行之哉。至于强聒而不舍，道家每以讥儒，此实宋尹之失，非孔孟之行。盖其号正，天取之，何强聒之有，其辨一如彭蒙于老聃之似同而异。唯一以辨外，一以辨内。或能明辨内外之真，其于道术几也夫。

考此篇为庄子所著，无可致疑。有谓篇中述庄周而称誉备至，必系门弟子订庄者所作。然此见殊拘，夫以庄子之恣纵，何不可自述独见。况连諔诡，本其所能，宏辟深肆，实其所长。以学说论，属于方术而承于关尹老聃之下，其自处之宜，自知之明，莫善焉。唯不以方术为不可加，不竭不尽以上遂于宗，庄子之可贵也。准此以读全书，莫不迎刃而解。不然，执一篇一段而谓庄子，局促于寓言重言卮言之中，岂足以见庄子之象耶。

《论六家要旨》

《易大传》："天下一致而百虑，同归而殊涂。"夫阴阳、儒、墨、名、法、道德，此务为治者也，直所从言之异路，有省不省耳。尝窃观阴阳之术，大祥而众忌讳，使人拘而多所畏；然其序四时之大顺，不可失也。儒者博而寡要，劳而少功，是以其事难尽从；然其序君臣父子之礼，列夫妇长幼之别，不可易也。墨者俭而难遵，是以其事不可遍循；然其强本节用，不可废也。法家严而少恩；然其正君臣上下之分，不可改矣。名家使人俭而善失真；然其正名实，不可不察也。道家使人精神专一，动合无形，赡足万物。其为术也，因阴阳之大顺，采儒墨之善，撮名法之要，与时迁移，应物变化，立俗施事，无所不宜，指约而易操，事少而功多。儒者则不然，以为人主天下之仪表也，主倡而臣和，主先而臣随。如此则主劳而臣逸。至于大道之要，去健羡，绌聪明，释此而任术。夫神大用则竭，形大劳则敝。形神骚动，欲与天地长久，非所闻也。

夫阴阳四时、八位、十二度、二十四节，各从教令，顺之者昌，逆之者不死则亡，未必然也。故曰"使人拘而多畏"。夫春生夏长，秋收冬藏，此天道之大经也，弗顺则无以为天下之纲纪，故曰“四时之大顺，不可失也”。

夫儒者以艺为法。六艺经传以千万数，累世不能通其学，当年不能究其礼，故曰“博而寡要，劳而少功”。若夫列君臣父子之礼，序夫妇长幼之别，虽百家弗能易也。

墨者亦尚尧舜道，言其德行曰：“堂高三尺，土阶三等，茅茨不翦，采椽不刮。食土簋，啜土刑，粝粱之食，藜霍之羹。夏日葛衣，冬日鹿裘。”其送死，桐棺三寸，举音不尽其哀。教丧礼，必以此为万民之率。使天下法若此，则尊卑无别也。夫世异时移，事业不必同，故曰“俭而难遵”。要曰强本节用，则人给家足之道也。此墨子之所长，虽百家弗能废也。

法家不别亲疏，不殊贵贱，一断于法，则亲亲尊尊之恩绝矣。可以行一时之计，而不可长用也，故曰“严而少恩”。若尊主卑臣，明分职不得相踰越，虽百家弗能改也。

名家苛察缴绕，使人不得反其意，专决于名而失人情，故曰“使人检而善失真”。若夫控名责实，参伍不失，此不可不察也。

道家无为，又曰无不为，其实易行，其辞难知。其术以虚无为本，以因循为用。无成埶，无常形，故能究万物之情。不为物先，不为物后，故能为万物主。有法无法，因时为业；有度无度，因物与合。故曰：“圣人不朽，时变是守。虚者道之常也，因者君之纲也。”群臣并至，使各自明也。其实中其声者谓之端，实不中其声者谓之窾。窾言不听，奸乃不生，贤不肖自分，白黑乃形。在所欲用耳，何事不成。乃合大道，混混冥冥。光耀天下，复反无名。凡人所生者神也，所托者形也。神大用则竭，形大劳则敝，形神离则死。死者不可复生，离者不可复反，故圣人重之。由是观之，神者生之本也，形者生之具也。不先定其神，而曰“我有以治天下”，何由哉？

《论六家要旨》释义

司马迁记其父曰："谈为太史公。太史公学天官于唐都，受《易》于杨何，习道论于黄子。太史公仕于建元、元封之间。"按建元凡六年，当公元前140—前135。元封亦六年，当公元前110—前105。其间当公元前135—前110，距秦始皇统一已百年。汉兴于公元前206，亦已七十余年。故谈与先秦的思想已不同。读韩非《显学》、荀子《非十二子》、庄子《天下篇》后，可再加以比较。而此文之分六家，基本尚与先秦的事实相似。重道而轻其他五家，因武帝初年仍尚黄老。应注意司马谈的思想，由总结唐都、杨何、黄子三家学说而得。

唐都的天官，可参阅《史记》的《天官书》。吾国对天文的认识，距汉初已有二三千年的经验积累，尤其取定二十八宿的赤道坐标乃其特色。《天官书》载"杓携龙角，衡殷南斗，魁枕参首"十二字，可显出全体恒星位置的关系，其星图已由近人朱文鑫绘出。若大多数二十八宿近赤道的时间，据近人竺可桢推算，约在公元前2300—前4300年之间，此正在传说黄帝尧舜时，是否可能尚难肯定。然公元前三千年已进入农业社会，今已有西安半坡、郑州大河村等遗迹发现。故此类天文考古问题，正可进一步结合研究。若对二十八宿的最早记录，今见于战国时的曾侯乙墓。此墓下葬时在公元前433年，二十八宿图画在漆箱盖面上，则战国初已盛行可知。然则在周初，以至《尧典》的记载，亦有真实的可能性，因文字系后人转录，转录时是否有据于古，此点大可研究。然必须得到实物，用自然科学的实证法，如今用碳半衰期以测量其时间等，未可以意而决定其是非。今既已发现在战国初期已有，则汉初的记载，司马谈所学于唐都之天文，皆为东周时对客观世界的认识基础。由此认识基础，然后产生其哲学思想，故忽此对自然科学的认识，抽象以评六家之是非，殊未可认识先秦思想的主流。

谈又学《易》于杨何，《易》因属卜筮书而未焚于秦。秦统一时，全国以杜田生为有名的通《易》者。汉兴令其由齐迁秦，仍传《易》不绝，门徒中有东武人（今属山东省）王同子中，子中之弟子即杨何。何于元光中（公元前134—前129）征为大中大夫，谈正当其时。至于《周易》一书，贵在有整体思想，以分家而言，宜属阴阳家，所以考察“日月运行一寒一暑”之理，司马迁曰“《易》著天地阴阳四时五行，故长于变”是其义。先秦时早以有所认识的客观世界，抽象成符号以示之。而此符号既以示客观世界的变化，又以示人身的变化，更以示人事社会的变化，乃内容丰富而其变动“不可为典要”。且《易》本为卜筮书，由发展而得其理，其理逐步完成于东周。以理而断其变化之吉凶，《左传》已有所载，今由西周甲骨的奇文，已知周初早有用筮数以示其阴阳变化。故周室八百余年的哲学思想，的确总结在《周易》一书。谈学于杨何的《易》，基本已与今日所见的二篇十翼相似。至于周代发展的情况，可作专题讨论。谈由天文而《易》，即可由易象以示天象的变化，此正为太史公之职。

又学道论于黄子，可见其论道家之神，犹黄子道论之旨。故知谈以天文知识为主，结合易理，宜六家以阴阳为首，以道德为终，参用儒墨名法，以成其思想体系。汉初尚黄老之哲理，正可以此文为代表。未久武帝用董仲舒的对策，尊儒术斥百家，学术思想即大变。此文对阴阳家的评论曰“大祥而众忌讳，使人拘而多所畏”，又曰“顺之者昌，逆之者不死则亡，未必然也”。而言其长，则曰“然其序四时之大顺，不可失也”，恰合客观事实。故论先秦的阴阳易理，正宜以此观点为准。自董仲舒的学说兴，方有汉代哲学思想特色，而司马谈的思想，尚在总结秦汉之际的各家学说。

小 结

以庄子《天下篇》、荀子《非十二子篇》、韩非子《显学篇》、司马谈《论六家要旨》并观，可睹学派的同异分合，有本评论者的思想。而评论者的思想来源于所处的时代，时代略同而评论内容不同者，不可不究评论者的主观意图。内容略同而时代不同者，又不可不察学派的思想，有不因时代而变者。若司马谈当汉初，已在秦统一后，自然有统一的思想。故已认识“天下一致而百虑，同归而殊涂”的重要，分六家而归于道，所谓道已兼取六家之长。故谈的思想，主要为唐都、杨何、黄子三家之合。

若于先秦未统一前，势必有荀、韩的混乱思想。荀主儒而非十二子，且以非儒为主，实属子弓之儒而非孔子之儒。且子弓复生，亦未必以子张、子夏、子游为贱儒而非之。是皆传其学者因时位而变，不知观其变化之流而非其源，此荀子之失。况自承南面之雍，是否尚有南面之德亦未可知。且孔子之说，岂仅南面而已，故传至荀子，固执已甚。然其言礼乐之迹，仍有儒者之风，惜儒的标准何在已难言。宜韩非继起，基本否定儒墨等各家显学。若其承管仲、商鞅等所建立的法家，而能扩大之者，实得自老子部分之说。由《解老》《喻老》二篇，可知其学术的来源。《史记》以老子与申韩合传，见界极深刻。

由是更观庄子《天下篇》的思想，与荀韩大异，其视儒家为道术，视其他各家为方术，重视邹鲁之说可知。比较主于儒家的荀子，对儒家反有更多的认识。于《田子方》作寓言，以明鲁国而儒者一人，谓“问以国事，千转万变而不穷”。且国事必本儒者，“冠圆冠者知天时，履句屦者知地形，缓佩玦者事至而断”，此以能知天地人事者为儒，即庄子所理解的儒家。其以《诗》《书》《礼》《乐》《易》《春秋》归之，乃当时的事实。《易》受儒者重视或尚未久，由秦焚儒书而不焚《易》，可见秦时尚未以《易》归于儒。且儒之典籍以《诗》《书》《礼》《乐》为主，《易》本属《礼》，并未独立成书。

子思、孟子创五行说，已于易理相近。然易书内容以历、算、数理为主而论人事，庄子以阴阳称之，已得其要。邹子之说，尤与易理相表里，惜邹子之书已佚。又《庄子·天下篇》的作者，是否庄子本人，今以观点文气考之，与全书融合无间，可视为自作的后序。退一步论，亦系亲传弟子所作。其于儒已见及邹发展鲁的情况，此恰与荀子相反，乃重视子思、孟子对儒家的进一步认识。因未提及邹衍，故知衍后于庄子。以庄子的时代论，已及见天下思想的错杂混乱，非易道阴阳不足以综合各家之思。幸其时子思、孟子学派所作的“十翼”，已然成书，故庄子及之。唯庄子之明《易》，故虽当战国纷争之时，仍能见道术之儒，而学有所归。此与荀子之所谓儒大相径庭，亦非仅见表面现象“儒分为八”的韩非子所能理解，或以庄子为儒家亦未尝不可。然其自处于关尹、老聃之后而为方术，以寓言为广而不作庄语，尚愿以《诗》《礼》发冢乎？

可见道与儒，确属吾国思想的二大主流，其间有息息相通处，可断而不可断，不可断而可断。多读先秦古籍，渐可喻其意。今且味乎庄子的道术与方术与司马谈所证的六家，能详加明辨，方可见时代不同而理有所同者，主要是儒与道的基本思想。然不论何家的学说，能与当时的自然科学理论相应者，方属可贵。下附庄、荀、韩、司马四家所论的学派同异表：

司马谈	韩非子	荀子	庄子	
唐都—阴阳 杨何— 儒	巫祝 儒分为八	子思、孟子 子张、子夏、 子游（自处 承子弓）	邹鲁之士—道术	
墨	墨离为三	墨翟　宋钘	墨翟　禽滑厘 宋钘　尹文	
名	藏书策、 习谈论	惠施　邓析 慎到　田骈	惠施 彭蒙　田骈 慎到	方术
法	（自处）	陈仲　史䲡		
黄子－道德 （自处）	杨子使子必智 而寿	它嚣　魏牟	关尹　老聃 （自处）	

乙　　编

《楚辞》选

《天问》章句第三

曰：遂古之初，谁传道之？上下未形，何由考之？冥昭瞢暗，谁能极之？冯翼惟像，何以识之？明明暗暗，惟时何为？阴阳三合，何本何化？圜则九重，孰营度之？惟兹何功？孰初作之？斡维焉系？天极焉加？八柱何当？东南何亏？九天之际，安放安属？隅隈多有，谁知其数？天何所沓？十二焉分？日月安属？列星安陈？出自汤谷，次于蒙汜。自明及晦，所行几里？夜光何德，死则又育？厥利维何，而顾菟在腹？女岐无合，夫焉取九子？伯强何处？惠气安在？何阖而晦？何开而明？角宿未旦，曜灵安藏？不任汩鸿，师何以尚之？佥曰何忧？何不课而行之？鸱龟曳衔，鲧何听焉？顺欲成功，帝何刑焉？永遏在羽山，夫何三年不施？伯禹愎鲧，夫何以变化？纂就前绪，遂成考功。何续初继业，而厥谋不同？洪泉极深，何以填之？地方九则，何以坟之？河海应龙，何尽何历？鲧何所营？禹何所成？康回冯怒，地何故以东南倾？九州安错？川谷何洿？东流不溢，孰知其故？东西南北，其修孰多？南北顺椭，其衍几何？昆仑县圃，其尻安在？增城九重，其高几里？四方之门，其谁从焉？西北辟启，何气通焉？日安不到，烛龙何照？

羲和之未扬，若华何光？何所冬暖？何所夏寒？焉有石林？何兽能言？焉有虬龙，负熊以游？雄虺九首，倏忽焉在？何所不死？长人何守？靡萍九衢，枲华安居？一蛇吞象，厥大何如？黑水玄趾，三危安在？延年不死，寿何所止？鲮鱼何所？鬿堆焉处？

《卜居》章句第六

屈原既放，三年不得复见，竭知尽忠，而蔽鄣于谗，心烦虑乱，不知所从。乃往见太卜郑詹尹曰："余有所疑，愿因先生决之。"詹尹乃端策拂龟曰："君将何以教之？"屈原曰："吾宁悃悃款款，朴以忠乎？将送往劳来，斯无穷乎？宁诛锄草茅，以力耕乎？将游大人，以成名乎？宁正言不讳，以危身乎？将从俗富贵，以媮生乎？宁超然高举，以保真乎？将呢訾栗斯，喔咿嚅兒，以事妇人乎？宁廉洁正直，以自清乎？将突梯滑稽，如脂如韦，以洁楹乎？宁昂昂若千里之驹乎？将氾氾若水中之凫，与波上下，偷以全吾躯乎？宁与骐骥亢轭乎？将随驽马之迹乎？宁与黄鹄比翼乎？将与鸡鹜争食乎？此孰吉孰凶？何去何从？世溷浊而不清，蝉翼为重，千钧为轻；黄钟毁弃，瓦釜雷鸣；谗人高张，贤士无名。吁嗟默默兮，谁知吾之廉贞？"詹尹乃释策而谢曰："夫尺有所短，寸有所长，物有所不足，智有所不明，数有所不逮，神有所不通。用君之心，行君之意，龟策诚不能知事。"

《渔夫》章句第七

屈原既放，游于江潭，行吟泽畔，颜色憔悴，形容枯槁。渔父见而问之曰："子非三闾大夫与？何故至于斯！"屈原曰："举世皆浊我独清，众人皆醉我独醒，是以见放。"渔父曰："圣人不凝滞于物，而能与世推移。世人皆浊，何不淈其泥而扬其波？众人皆醉，何不餔其糟而歠其醨？何故深思高举，自令放为？"屈原曰："吾闻之，新沐者必弹冠，新浴者必振衣。安能以身之察察，受物之汶汶者乎！宁赴湘流，葬于江鱼之腹中。安能以皓皓之白，而蒙世俗之尘埃乎！"渔父莞尔而笑，鼓枻而去，乃歌曰："沧浪之水清兮，可以濯吾缨。沧浪之水浊兮，可以濯吾足。"遂去，不复与言。

《楚辞》释义

东周文化的发展，可由秦统一的十世，逆观六国的形成，于六国中进化较后的是楚国。当时的文化，以周王所居的东都洛阳为主，基本形势以周而晋制秦，东方的燕齐亦有较先进的文化。凡晋齐文化皆有承于西周的古籍以发展，故视南方楚国的新兴文化，既无史可稽，宜为中原所轻视。故《春秋》重桓公召陵之盟，孟子亦视楚为南蛮鴃舌之人，此实为地域各异、部族不同的乖隔所致。经东周数百年的交流发展，楚国文化足可与中原文化分庭抗礼，《论语》已许南国之言“人而无恒，不可以作巫医”为善。故于春秋初期或尚落后，迨孟子轻视之时而仍难免偏执。先以巫医论，古医字从巫作“毉”，即医由巫出。然孔子时已分辨巫、医为二，可见春秋时医早已离巫而独立。南人并重巫、医，必须恒以学之，则其具体内容已极丰富。《内经》的编成，与楚国文化自然有密切关系。至屈原时文化尤可贵，《离骚》等的文学价值，与中原的《诗经》实已不同。更以内容言，则中原的文学已经儒家整理而加深其哲理性，《楚辞》的内容大则一国小则一人，纯以情感为主。以《卜居》《渔父》二篇论，文字浅显，然殊可代表屈原的思想境界，或系自作的寓言或出于弟子追记，至少可视为楚人对屈原的评价。其问太卜之辞，犹《离骚》《九章》等的中心思想。然原之疑，太卜绝不能回答，所谓“用君之心，行君之意，龟策诚不能知事”。此可见卜筮的范围，乃见卜筮的价值。后之人每忽视此义而无限扩大卜筮的作用，此为用卜筮者之失而非卜筮之过。今见殷墟甲骨，基本皆记录卜辞，于西周甲骨有以筮代卜的事实，且非凡事皆筮，此周不同于殷的一大进步，不可不注意。于《左传》等所记录的筮占，虽有神其事者，然已不乏据理而断以义者，则筮的作用逐步起于有限制之中。此限制就是必须正面对待客观事实的变化，亦必须对天地人事深入理解。此即西周用筮数编成“二篇”以代殷人龟卜的价值，亦是东周以“十翼”发展“二篇”的价值，惜庄子已知之而屈原尚未知。或楚国重卜筮，尚较中原为甚，然作此文者重视郑詹尹的不答，则已解“十翼”之旨。准此方可与语易道阴阳之理。

于《渔父》一篇，又以渔父之见否定屈原之见，此早有楚狂接舆之否定孔子，理属儒道的不同。然屈原之见未能与孔子同者，即南方思想重情，知变风、变雅而未知正风、正雅，即楚国与中原继承西周文化的不同处。而对自然科学的认识，亦为其思想根源，此宜注意其《天问》一文。此文对古史及对客观世界的认识全部怀疑，然其间有信史，有当时的科学成就，惜其情凝不散，已无力分析客观事实，此所以不得不“从彭咸之所居”。然今读此文，正可考见当时楚国对古史及自然科学的认识，节录前半，以论自然科学为主。

其曰“遂古之初，谁传道之”，则知屈原所注意者是人，尚未知对自然界的研究。需有传道者而不知直接观察自然，此既与儒不同，亦与老庄不同。种种疑问皆起于此，可谓属于宗教与哲学的分歧处。于《天问》中汇聚百余则不知解答的问题，屈原以问天，而同时的中原学派已有能解答者，亦有迄今二千余年而人类智慧仍未能解答者，矛盾丛集而未能分辨，此与韩非见显学混乱有相同的实质。[①]

以下所述的原理，就是由一而二，由二而三。上下为二，阴阳三合为三，于易象犹乾坤三索。凡八卦九畴之数即当九重八柱之说，隅隈之数当方圆之变，此属《周髀》之算。分十二地支以当十二辰次，其法迄今仍有作用。二十八宿的赤道坐标为当时已了解的天圜之象，可见楚人甘德著《天文星占》八卷或已盛行。然唯屈原的未知象数，尚疑"曜灵安藏"。若夜半有一阳未复之象，故又疑"夜光何德，死则又育"。是皆未知阴阳消息之理，而固执于人的生死。若此《周髀》之算，当时皆信其为禹治水时所发明，故反复致疑于鲧与禹父子之人事。又如江水之东流，当时以西北天门东南地户当之。所谓四方之门，即辰戌丑未之土，是皆当时的数学模型。又曰"延年不死，寿何所止"，对求长生不死者言。其法先秦已多，乃道教的基本宗旨，亦为医理所重视者。今不论屈原的文学，以考见楚国的文化为主。若屈原的思想，有深厚的宗教感情，读《九歌》可喻。作《天问》时，其宗教精神已不敌其失望的悲愤，读之如见其人。

① "于《天问》中……实质"一段，油印本无，据手稿补入。

《周髀算经》选　卷上之一

昔者周公问于商高曰："窃闻乎大夫善数也，请问昔者包犧立周天历度。夫天不可阶而升，地不可得尺寸而度，请问数安从出？"商高曰："数之法出于圆方，圆出于方，方出于矩，矩出于九九八十一。故折矩，以为句广三，股修四，径隅五。既方之外，半其一矩，环而共盘，得成三四五。两矩共长二十有五，是谓积矩。故禹之所以治天下者，此数之所生也。"

周公曰："大哉言数，请问用矩之道。"商高曰："平矩以正绳，偃矩以望高，覆矩以测深，卧矩以知远，环矩以为圆，合矩以为方。方属地，圆属天，天圆地方。方数为典，以方出圆。笠以写天，天青黑，地黄赤，天数之为笠也。青黑为表，丹黄为里，以象天地之位。是故知地者智，知天者圣。智出于句，句出于矩。夫矩之于数，其裁制万物，惟所为耳。"周公曰："善哉！"

《周髀》释义

《周髀算经》为先秦古籍，凡二卷，各分三，今录卷上之一，属纯数学的理论，以下皆属于天文历算的应用。①

此书之象数，主要明方圆的象与勾股径比数的关系，亦就是论述天圆地方的原理。《吕氏春秋》谓“尝得学黄帝之所以诲颛顼矣，爰有大圜在上大矩在下”，即此义。古文语焉未

---

① 原稿此处后有以下一段，注“勿用”：“先以文字论，其言曰‘古者包犧立周天历度，夫天不可阶而升，地不可得尺寸而度，请问数安从出。’则其时已有周天 360° 的标准，此标准出于《周易·系辞上》‘乾之策二百一十有六，坤之策百四十有四，凡三百有六十，当期之日’，是即周天历度。易卦出自包犧的文字记录，见《周易·系辞下》，且用‘天不可阶而升’，此句出于易升卦六五爻辞‘贞吉升阶’及坎《象》‘天险不可升也’。可见此书的成书年代，已在《周易》十翼后。更以内容言，其象数之理，主要明方圆与勾股径的关系，亦就是论述天圆地方的原理，其间明白说出‘两矩共长二十有五，是谓积矩’，且已可‘环而共盘’，则非常重视平方数，因矩出于九九八十一，即乘法口诀早已熟谙于先民，然已注意其属于平方的矩，早已认识圆出于方的半径，《墨经》所谓‘一中同长’是其义。又曰‘夫矩之于数，其裁制万物，惟所为耳’。此即墨子《大取》中所谓‘小圆之圆与大圆之圆同’，其间矩之长短，于裁制万物时惟所为耳，而必须注重其变化处，乃在矩之比数。且矩形以方为贵，故归于九九八十一数，然具体观察万物，矩不一定为方。”

详，须以图示之。当先秦时早有规矩以画方圆之图，然图像未能传，故徒知天圆地方之说，未详方圆形象的变化。今据其数，方圆的图像自现。当时早已认识圆规出于径，径为直线属方矩，矩出于九九八十一，即乘法口诀，先民熟谙已久。今知此乘法口诀，乃最简单的积分表，吾国使之列成平方的矩，又为矩阵的基础，且以方阵为主。有此九九八十一数，自然可有八八六十四卦的象。然卦象的数尚与数目的数不同，故画成六十四卦的方图，不期而内含神秘性。今究其原，以数理观之，未尝不同。神秘在卦象的数，可有种种变化，且可代入种种不同的概念。后人读《易》时，以代入的各种概念为主，遂忽略其象数的基本理论。刘歆所谓“八卦九畴相为表里”，确有所见，非贸然之言。故《周髀算经》以九九矩阵为主，确为象数所从出（见图 1）。

九	八	七	六	五	四	三	二	一	
81	72	63	54	45	36	27	18	9	九
72	64	56	48	40	32	24	16	8	八
63	56	49	42	35	28	21	14	7	七
54	48	42	36	20	24	18	12	6	六
45	40	35	30	25	20	15	10	5	五
36	32	28	24	20	16	12	8	4	四
27	24	21	18	15	12	9	6	3	三
18	16	14	12	10	8	6	4	2	二
9	8	7	0	5	4	3	2	1	一

矩出于九九八十一

图 1

以下说明勾三股四径五的比数，且曰“既方其外，半之一矩”则所谓商高定理，尚非勾^2＋股^2＝径^{2}可尽，其要点能以勾股的矩，以得径的对角线，且以勾股为方，径作直径为圆（见图 2），则已见勾股径与方圆的初步关系。然此关系尚属矩形内切于圆，而非方形内切于圆，故又有环而共盘以得二十五积矩的图形。其法盖以矩形四，环而成正方形，则正方形的边长就是勾股之和。因属矩形，环时有左右（见图 3、4），且径

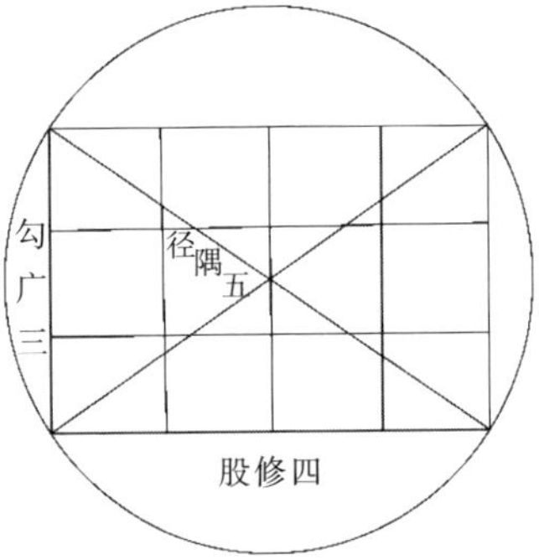

勾股径方外半之

图 2

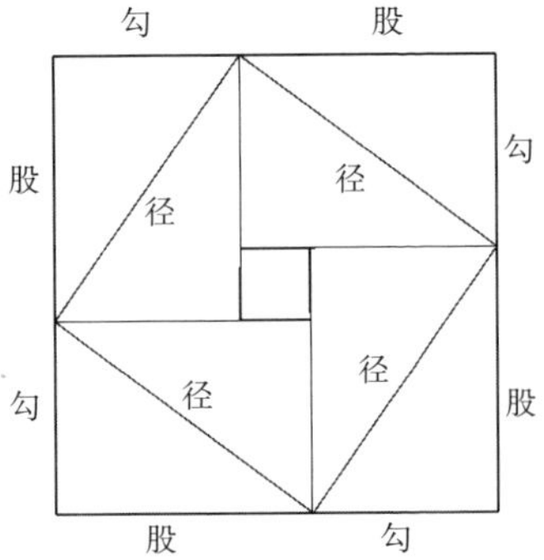

环而共盘之一

图 3

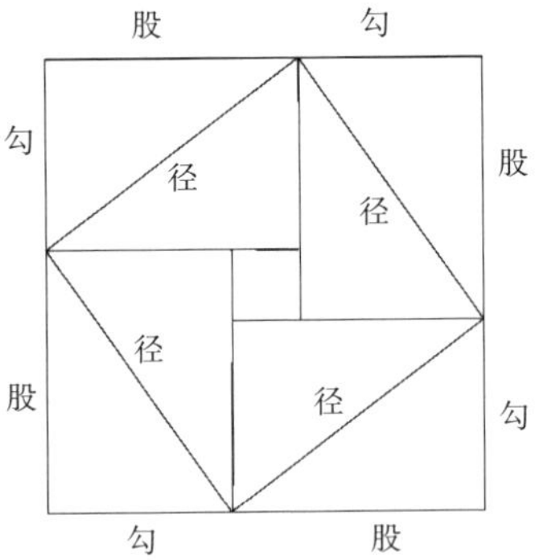

环而共盘之二

图 4

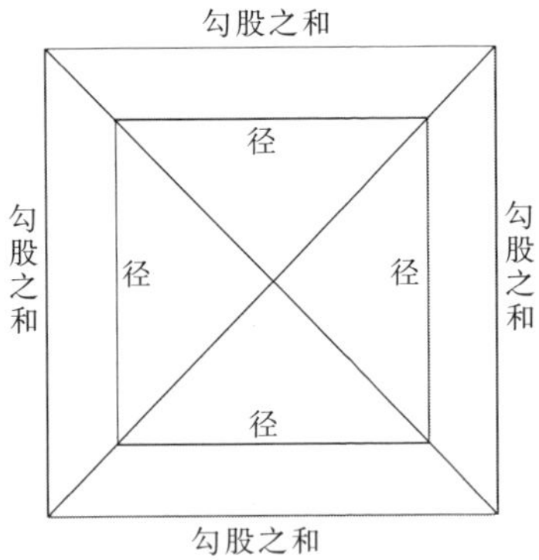

环而共盘之三

图 5

五与勾股和数七，正可见方圆之变（见图5）。合上三图，方可名为《环而共盘图》。所谓两矩共长，并不是五加五，而是五乘五，亦就是五的平方，以得积矩二十五。凡以上三图的积矩共十二点皆可在同一外切圆上，此十二点即可以十二地支当之（见图6）。由此图已见正方形内切于圆，若以此图作外切正方形，则外切正方形的积矩为五十，而此方圆相切图的形象（见图7），已见于郑州大河村的古陶器上，距今为5040±100年，故知方圆形象内外切的变化，以得距积的半倍，由来确古，以之用于天文历算而当天圆地方，亦有较长的历史。可不必深究包犧、黄帝、颛顼等人物，距今确已有五千年左右。可不论半之倍之，因皆属正方的矩，于矩数的等分数当时已认识可任意分割，所谓“夫矩之于数，其裁制万物，惟所为耳”。上示九九数，为十进位制中已尽所有的整数等分，则知方圆变化的关键，就在积矩半倍与勾股径的关系。今合《环而共盘图》与《方圆相切图》为一，即“知地者智知天者圣”的形象，名之

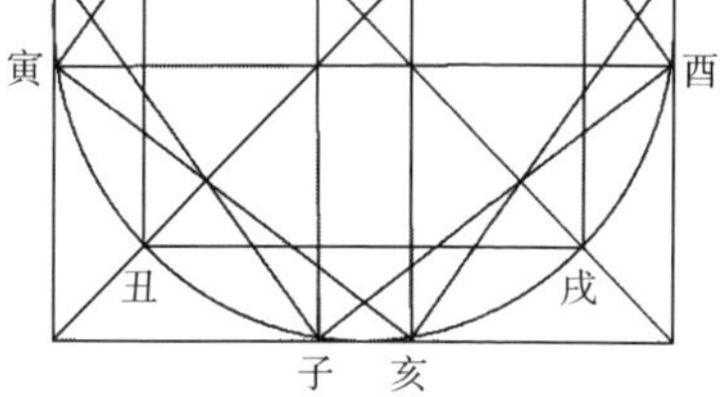

环而共盘图
矩积
图6

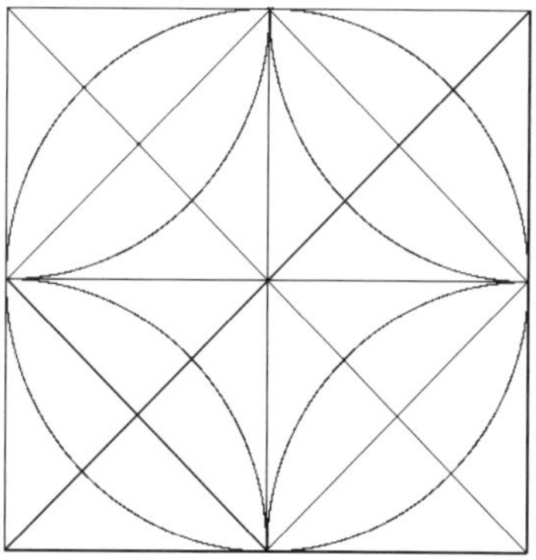
方圆相切图
图7

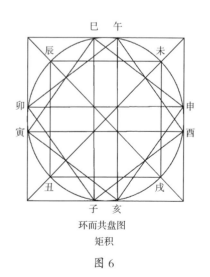

曰天地圣智图（见图8）。凡积矩为二十五的外接圆，已具四方与中央的方位。即切点四与其直径直交的中心一，此五点即可以五行当之。或观其积矩的倍数五十，则当外切正方形。然合勾股的正方形，积矩为四十九，因积矩有一数之差，则本有切点四，化成割点八。而两割点间的弧，就是“以方出圆，笠以写天”，是即先秦所传的《周髀》盖天论（见图9）。此两割点以应于勾股径的三角学，所谓“平矩以正绳，偃矩以望高，覆矩以测深，卧矩以知远，环矩以为圆，合矩以为方”乃当时的具体应用。创于禹治水，极有可能，尚待地下掘得实物加以确证。此关键的差一之数，就是《周易》象数之原。《周易・系辞上》“大衍之数五十，其用四十有九”，五十者百数之半，二十五积矩之倍，此方圆半径以得四正四隅，于历法当四时八节，殷代早已形成。合于三角勾股径的关系以创盖天说，乃有七七四十九的用数。《说卦》曰“参天两地而倚数”，此为

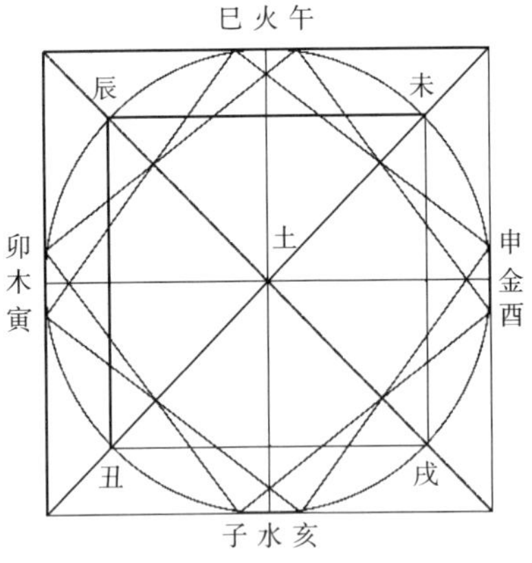

天地圣智图

图 8

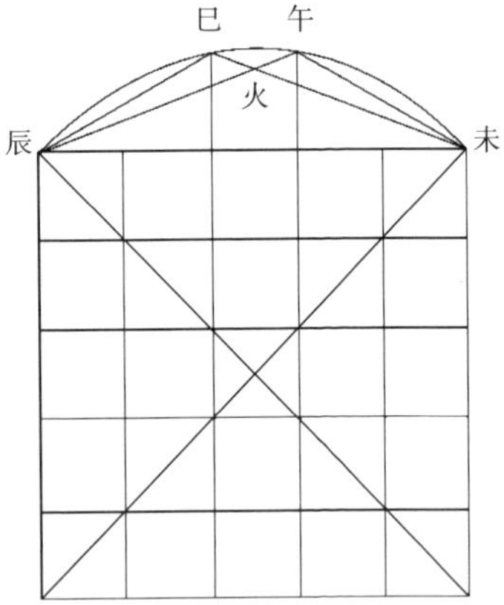

笠以写天图

图 9

卦象的来源。以图 9 言，因有巳午的盖天，亦有辰未的盖天，则巳午为一，辰未为五，而辰午、巳未为三，辰巳、午未为二，参天两地之数实起于此。乃使阳刚为—为三分之三，阴柔义--为三分之二。由是乾作☰为九，坤作☷为六。此外六卦，震作☳坎作☵艮作☶同为七，巽作☴离作☲兑作☱同为八。此为吾国独有的阴阳符号，实出于《周髀》的数。故虽未可肯定禹时已知勾股径的比数，然在画出八卦的卦象前，似已知此，则虽非周公时成此“环而共盘”之理，至晚在西周已得。若记此《周髀算经》者，如曰“天不可阶而升”，则知已取于《周易》升卦六五爻辞“贞吉升阶”及坎《象》“天险而可升也”，故已在成《周易 · 十翼》后。

总上所述，能基本理解《周髀》卦象的来源，方可扫清种种神秘概念，而确切认识阴阳五行的实质。

《易纬乾凿度》选

孔子曰："八卦之序成立，则五气变形。故人生而应八卦之体，得五气以为五常，仁义礼智信是也。夫万物始出于震；震，东方之卦也。阳气始生，受形之道也；故东方为仁。成于离；离，南方之卦也。阳得正于上，阴得正于下，尊卑之象定，礼之序也；故南方为礼。入于兑；兑，西方之卦也。阴用事而万物得其宜，义之理也；故西方为义。渐于坎；坎，北方之卦也。阴气形，盛阴阳，气含闭，信之类也；故北方为信。夫四方之义，皆统于中央，故乾坤艮巽位在四维，中央所以绳四方行也，智之觉也；故中央为智。故道兴于仁，立于礼，理于义，定于信，成于智。五者，道德之分，天人之际也。圣人所以通天意，理人伦而明至道也。"

"昔者圣人因阴阳，定消息，立乾坤，以统天地也。夫有形生于无形，乾坤安从生？故曰：有太易，有太初，有太始，有太素也。太易者，未见气也；太初者，气之始也；太始者，形之始也；太素者，质之始也；气形质具而未离，故曰浑沦。浑沦者，言万物相混成而未相离，视之不见，听之不闻，循之不得，故曰易也。易无形畔，易变而为一，一变而为七，七变而为九。九者，气变之究也，乃复变而为一。一者形变之始，清轻者上为天，浊重者下为地。物有始、有壮、有究，故三画而成乾。乾坤相并俱生，物有阴阳，因而重之，故六画而成卦。三画已下为地，四画已上为天。物感以动，类相应也。易，气从下生，动于地之下则应于天之下，动于地之中则应于天之中，动于地之上则应于天之上。初以四、二以五、三以上，此之谓应。阳动而进，阴动而退，故阳以七、阴以八为象。易，一阴一阳，合而为十五之谓道。阳变七之九，阴变八之六，亦合于十五，则象变之数若之一也。五音、六律、七变，由此作焉。故大衍之数五十，所以成变化而行鬼神也。日十干者，五音也；辰十二者，六律也；星二十八者，七宿也，凡五十，所以大阂物而出之者也。”

《乾凿度》释义

《乾凿度》是先秦时解释《周易·十翼》的古籍，汉后以“易纬”视之。纬以佐经，名未可为非。惜诸纬中每言谶祥推验，故早已谶纬并称而不为学者所重，孰知于纬书中有不可废之至理，且不乏为当时对自然科学的认识。《乾凿度》即具此可贵处，《四库提要》亦曰“较他纬独为醇正”。今录一节，以见《周易》象数的始末。

凡《周易》卦爻的变化出于筮数，数则本于大衍之数五十，而其用四十有九。即此五十数以何事代入，此书的作者乃视五十数为“日十干者，五音也；辰十二者，六律也；星二十八者，七宿也”。此数本周髀术的方圆之变，属纯数学的范畴，以明勾股径与方圆的关系。至于此数理的应用如何，因当时的认识自然界以律历为主。律为五音六律的乐理，早已合于干支以当日月运行；历则由十二辰次以应恒星二十八宿的赤道坐标，亦为战国时可检验的科学知识。故律数为干支数二十二，历数为赤道恒星星座数二十八，其和数五十，乃见天地万物的大衍。合于勾股径的三角学，有一数之差。此于象数，因“矩之于数，其裁制万物，惟所为耳”。观诸律历的事实，律有仲吕不生的音差，历有二十八宿与日月七曜的不应点，此皆归诸其一不用之数。且于律历的发展，历代皆可加密，于纯数学的周髀术则已得数学基本象数之理。后人不辨象数本身与象数于律历的应用，且已不辨《周髀》的盖天，乃未能正确理解《周易》的象数，于不用之一数更多误解。马融以北辰当之为太极；虞翻以太乙为太极，太乙有下行九宫之象，即矩出于九九八十一的变化；则尚存周髀术的痕迹。然自王弼《周易》注出，其言曰："演天地之数，所赖者五十也。其用四十有九，则其一不用也。不用而用以之通，非数而数以之成，斯《易》之太极也。四十有九，数之极也。夫无不可以无明，必因于有，故常于有物之极，而必明其所由之宗也。"则自然科学以象数为根据的原则一扫而空，而易理成为空说义理的哲学，《周易》象数更增加其神秘性。

一言以蔽之，历代读《易》者，解象数者少，空说义理者多，故《周易》于先秦时的作用，始终未加阐明。此书以律历数代入，实为当时认识自然科学理论的总结。于律历二者，律属乐，历属礼，礼乐之理固为儒家治平之道，其能本诸阴阳五行律历的象数，即子思、孟子发展孔子哲理的事实。此学派能注意当时自然科学的进步理论，其大行决非偶然。又《十翼》之成，乃集天下学者之思，已不限于儒，吕不韦成《吕氏春秋》基本集成此学派。至于固执礼乐形式的荀子，乃大加否定子思、孟子的五行说，盖荀子并未了解礼乐之本，须以当时对自然科学的认识为基础。又此书言《易》之方位，本《周易·说卦》合诸五德即子思之说，虽以仁礼义信智与仁礼义知圣，于北中水土二行有不同，然以象数代入论，不妨有变化，皆以明"道德之分，天人之际"也。

又此书于《周易》象数，有一重要的文献记录，就是七八为象，且阳动而进阴动而退，故七而九，八而六，九六为象变，象变即为爻。故《周易·象》体七、八爻用九、六的变不变，亦有据于方圆的象、奇偶的数，以形成虚实之理的变化（见附图，图说易详）。

至于分太易、太初、太始、太素四者，又合太易、太初为炁之未见、始见而同属于炁，由是四者合为炁、形、质三者。凡始见方有，始见之前尚未见，未见犹无，故无形已有炁，无质已有形。惟炁未见，仅以一数示之。有形乃有方圆，有质始为万物。此所谓炁与形，实即数与象。有质有理，理与象数，相合无间，犹炁形质具而未离的浑沦。此见先秦时重数学形象的事实。此以三一、一三之变为本，然后方有一分为二的天地，与筮法同。三变当始壮究，即一、七、九；乾坤相并俱生，即二、八、六。此以八八相应为主，以算式示之，此书视六十四卦的来源为 $2^3 = 8$ 卦，$2^3 \times 2^3 = 8 \times 8 = 64$ 卦，尚未注意 $2^6 = 64$ 卦。

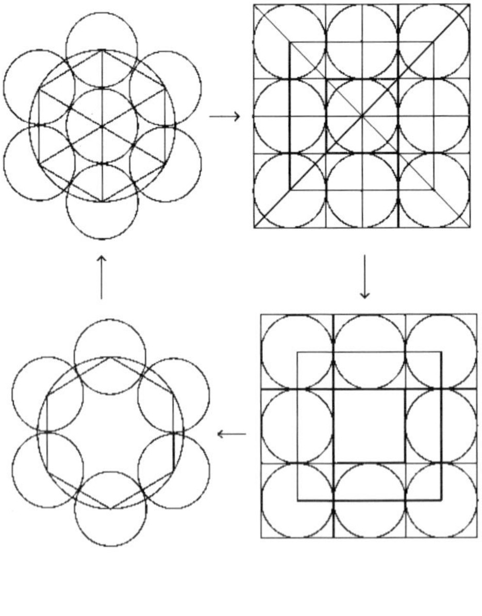

论《易纬稽览图》的卦气图

《易纬稽览图》卷上之首曰："甲子卦气起中孚。"卷下之首曰："小过、蒙、益、渐、泰，需、随、晋、解、大壮，豫、讼、蛊、革、夬，旅、师、比、小畜、乾，大有、家人、井、咸、姤，鼎、丰、涣、履、遯，恒、节、同人、损、否，巽、萃、大畜、贲、观，归妹、无妄、明夷、困、剥，艮、既济、噬嗑、大过、坤，未济、蹇、颐、中孚、复，屯、谦、睽、升、临。坎、震、离、兑，已上四卦者，四正卦为四象。每岁十二月，每月五月，卦六日七分，每期三百六十六日，每四分。"此当是先秦的古说，即汉孟焦所传的卦气图。于卷上又有"六日八十分之七而从"一句，则义更明确。于"每月五月"句，显系"每月五卦"之误。"每期三百六十六日，每四分"句，实指每期三百六十六日，中有一日当四分，故义指三百六十五日又四日分之一。古代语焉不明，于四分历的岁实，吾国早据实测而知之。凡六十甲子配合于六十四卦，去坎、震、离、兑四正卦为四象，其他六十卦，即由甲子当中孚起依次至颐为癸亥，每卦当六日七分。七分者八十分之七，准今日之计时法观之，八十分之七为126分，故两卦相去为六日又两小时零六分。

卷上又曰："四时卦，十一辰余而从。坎常以冬至日始效，复生坎七日，消息及杂卦传，相去各如中孚。"此明复生坎七日后，则坎当冬至，即甲子中孚，唯主整七日乃较其他六十卦多七十三分，故曰"十一辰余而从"。又可推知震当春分，离当夏至，兑当秋分同，由是六十四当岁实之卦气图可成。

更观《稽览图》中，尚有以《序卦》为次而每卦注明所当之月份。然合而观之，属于十二月者竟有谦、颐、大过、明夷、睽、蹇、损、升、艮、中孚十卦，属于七月者仅同人一卦，此外诸月亦皆参差不齐，其不可用不言而喻。故能去四正卦而每月以五卦当之，有整齐之卦数，则始可与干支之次相合。且于六十卦中，分消息与杂卦，尤为深得卦象之自然。名消息卦者，指复、临、泰、大壮、夬、乾、姤、遯、否、观、剥、坤十二卦。此外四十八卦则名杂卦。下录《周易》十二消息卦之卦辞及十翼之《彖》，以见此十二消息卦在六十四卦中有其独特的地位。

䷗复　亨。出入无疾，朋来无咎，反复其道，七日来复，利有攸往。

彖曰：复亨。刚反，动而以顺行，是以出入无疾，朋来无咎。反复其道，七日来复，天行也。利有攸往，刚长也，复其见天地之心乎。

䷒临　元亨利贞，至于八月有凶。

彖曰：临，刚浸而长。说而顺，刚中而应，大亨以正，天之道也。至于八月有凶，消不久也。

䷊泰　小往大来，吉，亨。

彖曰：泰，小往大来，吉，亨，则是天地交而万物通也，上下交而其志同也。内阳而外阴，内健而外顺，内君子而外小人，君子道长，小人道消也。

䷡大壮　利贞。

彖曰：大壮，大者壮也。刚以动，故壮。大壮，利贞，大者正也，正大而天地之情可见矣。

䷪夬　扬于王庭，孚号有厉。告自邑，不利即戎。利有攸往。

彖曰：夬，决也，刚决柔也。健而说，决而和。扬于王庭，柔乘五刚也。孚号有厉，其危乃光也。告自邑，不利即戎，所尚乃穷也。利有攸往，刚长乃终也。

䷀乾　元亨利贞。

彖曰：大哉乾元，万物资始，乃统天。云行雨施，品物流形。大明终始，六位时成，时乘六龙以御天。乾道变化，各正性命，保合太和，乃利贞。首出庶物，万国咸宁。

䷫姤　女壮，勿用取女。

彖曰：姤，遇也，柔遇刚也。勿用取女，不可与长也。天地相遇，品物咸章也。刚遇中正，天下大行也。姤之时义大矣哉。

䷠遯　亨，小利贞。

彖曰：遯亨，遯而亨也。刚当位而应，与时行也。小利贞，浸而长也。遯之时义大矣哉。

䷋否　否之匪人，不利君子贞。大往小来。

彖曰：否之匪人，不利君子贞，大往小来，则是天地交而万物不通也，上下不交而天下无邦也。内阴而外阳，内柔而外刚，内小人而外君子，小人道长，君子道消也。

䷓观　盥而不荐，有孚颙若。

彖曰：大观在上，顺而巽，中正以观天下。观，盥而不荐，有孚颙若，下观而化也。观天之神道而四时不忒，圣人以神道设教而天下服矣。

䷖剥　不利有攸往。

彖曰：剥，剥也，柔复刚也。不利有攸往，小人长也。顺而止之，观象也。君子尚消息盈虚，天行也。

䷁坤　元亨，利牝马之贞。君子有攸往，先迷后得主，利西南得朋，东北丧朋，安贞吉。

彖曰：至哉坤元，万物资生，乃顺承天。坤厚载物，德合无疆，含宏光大，品物咸亨。牝马地类，行地无疆，柔顺利贞，君子攸行。先迷失道，后顺得常。西南得朋，乃与类行，东北丧朋，乃终有庆。安贞之吉，应地无疆。

凡此十二消息卦，本可以卦象之阴阳多寡，以示消息盈虚之天行。以辞而言，则由反复其道而七日来复，即天行长刚而利有攸往。复而临，刚浸而长。临而泰，小往大来而吉亨。泰而大壮，仍在长刚以动。及大壮而夬，更有决柔之象，柔乘五刚，刚长乃终。凡复、夬皆曰利有攸往，以见息阳长刚之利。然利终于乾，势将有柔遇刚之姤。一柔浸长，姤已为遯，时行之义，何可以消而忽之。遯而否，小往大来。否泰反类，消长本时，时息而息，自然有时消而消。否消观，下观不化，继之为剥有攸往之利不利。系辞者之情，以天行观之，何情之有，庶可睹天地之心。是即十二消息卦之循环，于观象系辞时早已见及。今舍其辞而观其象，可见阴阳二气之盈虚往来。

若卦气图者，即取之以示天地日月之运行。吾国以干支记时由来已古，此十二消息卦，至迟于战国时，可能在十翼有《彖》以前，已用于十二地支当十二月循环之象。春生秋杀，恰属否泰反类。冬至一阳生而复，夏至一阴生而姤，吾国早已用土圭日影而测得南北回归线之反复，此见易象在二三千年前的具体应用。以阳息象冬至至夏至，即日由南回归线北回归线。阴消象夏至至冬至，即日由北回归线至南回归线。详下六日七分卦气图。凡六乙六庚为十二消息卦，其余四十八卦为杂卦。积六十花甲的六日七分，即岁实三百六十五日又四分日之一。

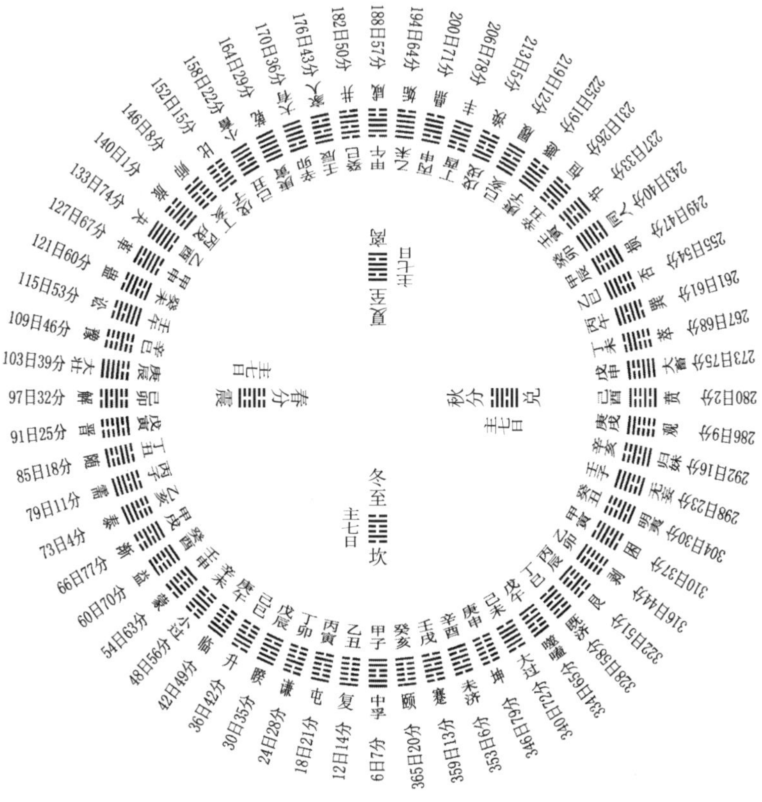

六日七分卦气图

《墨辩》《惠施》《内经》选

《墨辩・经上》:"久,弥异时也。宇,弥异所也。"

《墨辩・经下》:"宇或徙,说在长宇久。""无久与宇。"

《墨辩・经说上》:"久,合古今旦莫;宇,家东西南北。""始,时或有久,或无久,始当无久。"

《墨辩・经说下》:"宇,长徙而有处,宇南北,在旦有在莫,宇徙久。""……始也谓此南方,故今也谓此南方。""宇,伛不可偏举。""无,南者,有穷则可尽,无穷则不可尽。有穷无穷未可智,则可尽不可尽未可智。"

《惠施》(见《庄子・天下篇》):"南方无穷而有穷,今日适越而昔来。""我知天下之中央,燕之北、越之南是也。""惠施以此为大观于天下而晓辩者,天下之辩者相与乐之。"

《内经・五运行大论第六十九篇》:帝曰:"动静何如?"岐伯曰:"上者右行,下者左行,左右周天,余而复会也。"帝曰:"余闻鬼臾区曰:应地者静。今夫子乃言下者左行,不知其所谓也。愿闻何以生之乎?"岐伯曰:"天地动静,五行迁复,虽鬼臾区其上候而已,犹不能遍明。夫变化之用,天垂象,地成形,七曜纬虚,五行丽地。地者,所以载生成之形类也。虚者,所以列应天之精气也。形精之动，犹根本之与枝叶也。仰观其象，虽远可知也。”帝曰：“地之为下否乎？”岐伯曰：“地为人之下，太虚之中者也。”帝曰：“冯乎？”岐伯曰：“大气举之也。”

《浑天》释义

《周髀》与《浑天》为先秦之宇宙论。《周髀》即《盖天》，本诸天圆地方之象。可贵处已知勾股径与方圆的关系，为《周易》筮数所取则，其说在《浑天》前。《浑天》者，由方圆而更及动静。然不论《盖天》与《浑天》，皆善观天地时空之象。其说可推原于《墨辩》。《墨辩》虽是后代墨者之说，然必有据墨子，且墨子贵法禹，于规矩方圆之形本已了解，然则《周髀》可视为经墨子而传出。

此论《浑天》，宜由《墨辩》的“久”“宇”说起。“久”就是“宙”，今所谓时间。“宇”今所谓空间。久宇为包括所有时间与空间，故《墨辩·经上》：说“久，弥异时也。宇，弥异所也。”然能否有包括时间空间者，《墨辩》中尚以为不可能有，故曰“无久与宇”。由是“宇或徙”，于《经说》中又有长宇、处宇、伛宇的概念。所谓“长宇”者，就是“弥异所”的宇。然是否有有限的庞然大物（指地），当时尚未知，故曰“徙而有处宇”，有徙即有时间，故曰“宇徙久”。久即“古今旦莫”的时间，因时而处，乃分处宇为二，一曰“宇东西家南北”，一曰“宇南北，在旦有在莫”。此能分辨东西与南北，为直观所知，后人考订成“宇家东西西北”者未是。凡能处宇于东西，即日月运行不已，而南北极未尝动，是之谓“家南北”。反之，能处宇于南北，则可见在旦在莫之变。至于东西与南北之位，是谓伛宇。其位变化多端，今所谓经纬线，故曰“不可偏举”。至于当时所以能见东西与南北的不同者，实本诸天象，《论语》已曰：“为政以德，譬如北辰，居其所而众星共之。”有北辰的不动点，可谓尧、舜时已知的天象，其实就是吾国位于地球的北半球。至于相对的南极是否存在，非但尧舜时不知，即作《墨辩·经说》者尚不知，故以南方为始。以始为无久的久，故曰“始也谓此南方，今也谓此南方”。然未见南极，故以理推之而言，“有穷则可尽，无穷则不可尽”。此即《经说》作者，欲求《浑天》而尚未得，故曰“有穷无穷不可智，则可尽不可尽未可智”，则当时仅知《盖天》。

若继此《经说》，至惠施已知之，故曰“南方无穷而有穷，今日适越而昔来”。因南方虽无穷，然由东西的旋转，且北极已见，则据大圜之理，于无穷处必可有穷。当既穷之时，则南北亦成一圆，乃曰“我知天下之中央，燕之北、越之南是也”。惟有此推理，乃成《浑天》之象。且具体说明《浑天》者，盖在《内经》，由岐伯否定鬼臾区天动地静说，而明天地当左右旋运动，是皆有据于观天象而知，则大圜既成于上，大矩亦运行之中，是即《浑天》。岐伯曰“地为人之下，太虚之中”，由“大气举之”，乃始见此庞然大物（地球），而中医的整体理论实出于此。且否定天动地静而创此浑天说，未尝否定天圆地方的盖天说，因方形非不动者，《周髀》所谓“环矩以为圆”是其义。因有盖天而发展成浑天学说，乃有驺衍大九州之说。阴阳五行的大行，全据于浑天之象与盖天之数。有见于此，方知象数的实质，可排除二千余年来种种迷信的附会，而于象数的原理，尚须从纯数学入手更为深入地研究。因浑天的形象，似成于惠施及《内经·五运行大论》的作者，而盖天的数及方圆之变由来已古，故尚须上推以见其原。

《太始天元册》选

鬼臾区曰：臣积考《太始天元册》文曰："太虚寥廓，肇基化元，万物资始，五运终天，布气真灵，总统坤元，九星悬朗，七曜周旋，曰阴曰阳，曰柔曰刚，幽显既位，寒暑弛张，生生化化，品物咸章。"臣斯十世，此之谓也。（辑自《内经·天元纪大论》）

岐伯曰：昭乎哉问也！臣览《太始天元册》文："丹天之炁，经于牛女戊分。黅天之炁，经于心尾己分。苍天之炁，经于危室柳鬼。素天之炁，经于亢氐昴毕。玄天之炁，经于张翼娄胃。所谓戊己分者，奎壁角轸，则天地之门户也。"夫候之所始，道之所生，不可不通也。（辑自《内经·五运行大论》）

《太始天元册》释义

《太始天元册》为先秦的天文书，原书已佚，今从《内经》中辑出二节，可见五行九畴源于天象之事实，当时由天象的实测加以纯数学的推演而成。此实测的对象为恒星，二三千年来其星座方位基本未变化，若对恒星的深入认识即历代天文学的进化。然根据实测而产生数学模型，属认识的方法，迄今仍为科学的基础，二千余年前吾国已用此法。以吾国历史的进化论产生于东周，并不特出。必以西方文艺复兴及牛顿力学为出发点，反观吾国先秦文化，似有不可思议的神秘性。事实上当时已知用数学模型未足为奇，秦后此数学模型历代仍在发展，主要属《周易》、中医二方面，早已不限于天文。惜对纯数学的认识及对天地人三才的基本推演法渐失其理，由是知执而不知化，此所以愈发展愈显其神秘，及明清之际西方自然科学传入始走下坡路。然以二十世纪的量子论、相对论、遗传学等观之，则牛顿力学已理有所穷，数学又有新发展，而数学模型将更起大作用。纯数学可走在物理学之前，已为事实所证明。故对吾国古代的数学模型，又宜深入研究，方能澄清种种迷信的附会，以显其合理的核心。

著此书时已成盖天之术，而尚未得浑天之球，故鬼臾区虽读之，尚未及岐伯能得浑天之象。若由天圆地方的基本形象，使方圆互变的数学模型以示天地的变通，此与《周易》十翼中的《彖》极有关系。此书所云“万物资始”“坤元”“品物咸章”皆为《彖》之原文，故知作此书时已见《彖》。今据《彖》之理，凡乾元坤元资始资生而相交方起消息，由阴阳刚柔消息之变乃成姤复。姤即“品物咸章”，复即“见天地之心”，其心即天门戊地户己，亦即盖天术的辰戌丑未四季属土，古人见西北高故为天门，东南低故为地户。五运终天的变化见图 1。

以此盖天的半球可九分而应九星，乃成九畴。此所谓九星，《史记·天官书》“杓携龙角，衡殷南斗，魁枕参首”即此象，唐都尚能传其术。天门在奎壁以对角轸地户，若由四分而三分，仍明南极不可极。凡地户属土，此所以甲己为黅天之炁。天门未可见于南方，此所以癸戊为丹天之炁。凡戊己当奎壁角轸为戌辰土，未丑亦为土，当井参斗箕。此八宿位于四隅，合

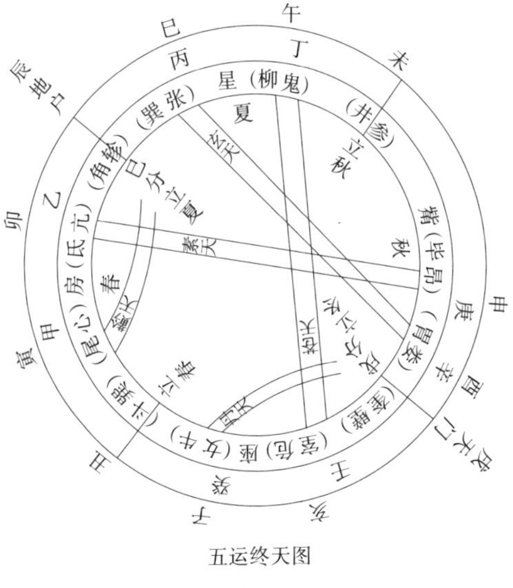

五运终天图

图 1

于四时，为立春立夏立秋立冬。以实测论，箕斗之间为银河的起讫处，古人可目测，由是生两侧之气。牛女戊分属丹天者，丹火为南方，是时理解天门之位，在西北而向南。向南者，尚以南极未见为憾。又尾心己分属黅天者，地产土色黄，此外依次相生，而天门火恰生地户土。详见下表。

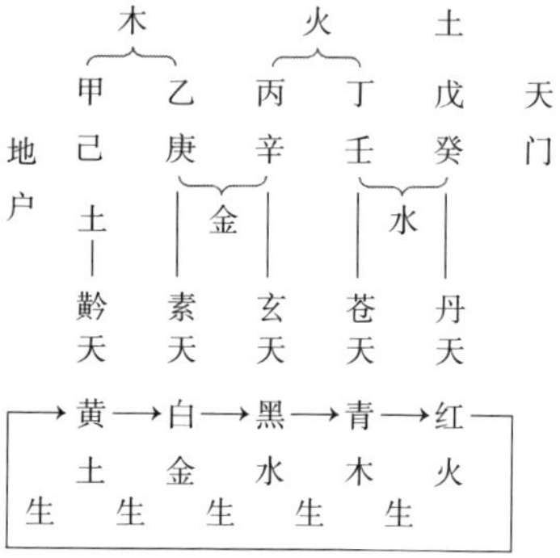

上表可见阴阳五行的变化，凡甲乙木、丙丁火、戊己土、庚辛金、壬癸水，当天地生成数即“五位相得而各有合”，宋后定名为“河图”。今观其天门地户的气化，而变化成甲己土、乙庚金、丙辛水、丁壬木、戊癸火中的二种变化，以纯数学观之，实即 5×2 与 2×5 的不同。更以下表示之，可不言而喻。

木	火	土	金	水
1	3	5	7	9
2	4	6	8	10

阴阳＼五行	木	火	土	金	水
奇为阳	甲	丙	戊	庚	壬
偶为阴	乙	丁	己	辛	癸

阴阳 五行	前为阳　后为阴
土	甲　己
金	乙　庚
水	丙　辛
木	丁　壬
火	戊　癸

前者示内分阴阳的四方与中央以定五行之位，后者示五气之运行于天地之间，其起讫点各为阴阳。又地户之角即《史记·天官书》的“杓携龙角”，丑土的斗即“衡殷南斗”，未土的参即“魁枕参首”。此唐都之说，实有据于此书。且由此四隅，又可得四正为虚、房、星、觜，此与《尧典》之“鸟、火、虚、昴”可参证。尤重要者，于1978年在湖北随县有曾侯乙墓的文物出土，年代在楚惠王五十六年（-433），内有漆箱盖上的二十八宿图象。中有斗字指北斗星，四及危、心、张、觜即四正（见图2）。其中用觜而不用昴，此书尚同，故此《太始天

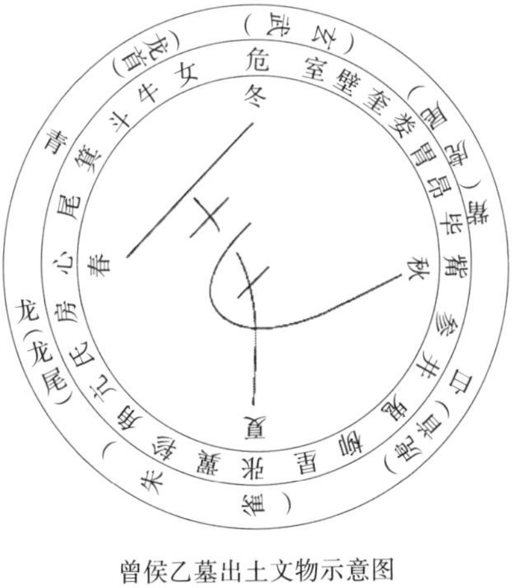

曾侯乙墓出土文物示意图

图2

元册》或与楚文化有关。

既合四正四隅与中央北斗，似即九星。九星者，分盖天成九个区域（见图 3），则北斗犹太极属紫微垣，四正四隅即八卦。又太微垣属南偏东，天市垣属东偏北。识此三垣二十八宿之星座，即知天体的坐标。然此九畴之数本既合天象，以纯数学言可完全无与于天文，然不可不知时间。

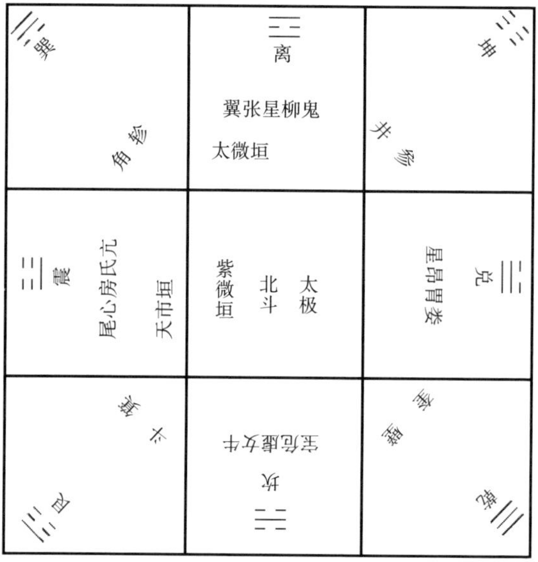

九星悬朗图

图 3

《周易·系辞、说卦》选

《系辞》下第二章

古者包牺氏之王天下也，仰则观象于天，俯则观法于地，观鸟兽之文与地之宜，近取诸身，远取诸物，于是始作八卦，以通神明之德，以类万物之情。

作结绳而为网罟，以佃以渔，盖取诸离。

包牺氏没，神农氏作，斫木为耜，揉木为耒，耒耨之利，以教天下，盖取诸益。日中为市，致天下之民，聚天下之货，交易而退，各得其所，盖取诸噬嗑。神农氏没，黄帝、尧、舜氏作，通其变，使民不倦，神而化之，使民宜之。《易》穷则变，变则通，通则久，是以"自天佑之，吉无不利"。黄帝、尧、舜垂衣裳而天下治，盖取诸乾、坤。

《系辞》下

《易》之兴也，其于中古乎？作《易》者，其有忧患乎？……《易》之兴也，其当殷之末世，周之盛德耶？当文王与纣之事耶？是故其辞危。危者使平，易者使倾。其道甚大，百物不废。惧以终始，其要无咎，此之谓《易》之道也。

《系辞》上

天一，地二；天三，地四；天五，地六；天七，地八；天九，地十。……子曰："夫《易》何为者也？夫《易》开物成务，冒天下之道，如斯而已者也。"

《系辞》上

天数五，地数五，五位相得而各有合；天数二十有五，地数三十，凡天地之数五十有五，此所以成变化而行鬼神也。《乾》之策二百一十有六，《坤》之策百四十有四，凡三百六十，当期之日。二篇之策，万有一千五百二十，当万物之数也。是故四营而成《易》，十有八变而成卦，八卦而小成。引而伸之，触类而长之，天下之能事毕矣。

《系辞》上

是故《易》有太极，是生两仪。两仪生四象。四象生八卦。八卦定吉凶，吉凶生大业。

《系辞》下

八卦成列，象在其中矣；因而重之，爻在其中矣；刚柔相推，变在其中焉；系辞焉而命之，动在其中矣。天地之大德曰生，圣人之大宝曰位。何以守位曰仁，何以聚人曰财，理财正辞、禁民为非曰义。

《系辞》下

是故《易》者，象也；象也者，像也。彖者，材也；爻也者，效天下之动者也。是故吉凶生而悔吝著也。

《系辞》下

《易》之为书也，广大悉备。有天道焉，有人道焉，有地道焉。兼三才而两之，故六。六者非它也，三才之道也。

《**说卦**》

昔者圣人之作易也，幽赞于神明而生蓍，参天两地而倚数，观变于阴阳而立卦，发挥于刚柔而生爻，和顺于道德而理于义，穷理尽性，以至于命。

昔者圣人之作易也，将以顺性命之理。是以立天之道，曰阴与阳；立地之道，曰柔与刚；立人之道，曰仁与义。兼三才而两之，故易六画而成卦。分阴分阳，迭用柔刚，故易六位而成章。

《**说卦**》

万物出乎震，震，东方也。齐乎巽，巽，东南也，齐也者，言万物之洁齐也。离也者，明也，万物皆相见，南方之卦也，圣人南面而听天下，向明而治，盖取诸此也。坤也者，地也，万物皆致养焉，故曰致役乎坤。兑正秋也，万物之所说也，故曰说言乎兑。战乎乾，乾，西北之卦也，言阴阳相薄也。坎者水也，正北方之卦也，劳卦也，万物之所归也，故曰劳乎坎。艮，东北之卦也，万物之所成终而所成始也，故曰成言乎艮。

《**说卦**》

乾天也，故称乎父；坤地也，故称乎母。震一索而得男，故谓之长男；巽一索而得女，故谓之长女；坎再索而得男，故谓之中男；离再索而得女，故谓之中女；艮三索而得男，故谓之少男；兑三索而得女，故谓之少女。乾为天、为圜、……为金……坤为地、……为布……震……为苍筤竹……巽为木……坎为水、……为月……离为火、为日、……艮为山……兑……为毁折、为附决……

《周易·系辞、说卦》释义

研究吾国的思想，以产生的时代先后为次，不得不以孔子所代表的儒家为主。儒家对后代的影响已为历史事实，其中有得有失，每因时代而不同，未可有简单的功过结论。且秦汉以来儒者的儒，与先秦的儒者有极大的差别。于先秦时亦早已儒分为八，故必须直接研究先秦有关儒家的古籍。于孔子后，孟与荀可当发展孔子之主要二派。由荀子的《非十二子篇》已见其学术的情况，实未及庄子《天下篇》能见当时思想的全貌。荀子而韩非子，有其相似的治学方法，一言以蔽之，皆偏重于人事而忽略了人事的一切必须本诸自然科学的认识。故吕不韦的《吕氏春秋》方属先秦文化以儒家为主的总结，然已合其他各家的思想，故秦后视之为杂家。虽然吕氏之见已限于秦，乃未及庄子、驺衍的宏伟。

推而上之《周易》的十翼，方可视为先秦思想的总汇，且非一时一人的作品。今已得马王堆的《周易》帛书，时在汉初文帝前元十二年（-168），则已可肯定为先秦古籍，其间分置二篇、十翼，因成书时代不同。以十翼论，有少于今本处，亦有今本所无者。可见十翼实非一时一人所作，故内容分合颇有异同。今尚未正式发表，未能评论。概论之可定为子思、孟子一派所创始，完成于庄子前。庄子《天下篇》所谓“《易》以道阴阳”的《易》，已包括十翼，庄子视之为邹鲁之士多能明之，盖据实而言。十翼由子思至孟子之门人，有三四代人的时间，且综合各家的思想。最可贵者，全用象数为基础，结合当时自然科学的成就，乃得高度抽象的数学模型，然后合于人事，故与一般的哲学思想有明显不同。考今之十翼实为七种，《象》属卦《象》属爻，与二篇的关系最密切。此外《文言》释乾坤，义与子思的《中庸》相通。《说卦》《系辞》的象数最重要，《序卦》《杂卦》的作者，或已在庄子后，可能是杜田生所传出，故与《周易》帛书的卦次不同。今选择《系辞》《说卦》的若干章节，可见略当孟子时，各家学者对《周易》的主要观点。

孔子于春秋时，删《书》断自尧，因吾国古史在夏禹治洪水前，早已进入农业社会，于文化已粗具规模。根据今日考古所得，虽不必有尧、舜其人，确能有已知历法的尧、舜其时。自春秋而战国，文化既发展，于古史愈能上推。上推者所以由人事而推及对自然科学的认识，如《内经》托名于黄帝，此八卦的作者又进一步推原于神农前的伏羲。据孟子所记“有为神农之言者许行”，是时楚国已有推原以及初入农业社会的农家学者。考农家学说在当时，于农业生产的技术，必有所改进，乃托名于神农。然于农业社会前，势必有畜牧业社会，故《系辞》之言，可视为战国中期对古史的分期观，即庖犠氏当已知结网捕兽的畜牧社会，神农氏为始知农业生产而初入农业社会，即人类的主要食物，由动物而变成植物，且居处既定，又有商业的交易。及黄帝、尧、舜时，方具上层建筑，所谓“垂衣裳而天下治”者，已有治人者在上。

或以人类的基本知识言，于战国中期能以八卦总结当时的自然科学，殊觉可贵。此明仰观天文、俯察地理，由动物、植物而及人类本身与一切无生物，盖已超过人事而能认识人类本身于天地间的地位，是即人参天地之义，亦即《内经》托名黄帝与岐伯论于帝庭之事，所以超过《尚书》虞庭封官的人事。由研究社会学的人，进而为研究生物学的人，此具体的医药、农业知识，皆归诸八卦的制器尚象。故儒家的发展，能于礼中提出易而加以说明，所以完成以自然科学为基础的认识论。有此卦象的大作用，始为易书广大悉备的易道。故易道兴于中古指庖犧时，今视之当新石器晚期。其后结合人事，所谓穷变通久，更兴于下古，乃有忧患作易，以当文王与纣之人事。今知二篇之辞逐步完成于西周，而卦爻象数的变化，当殷代之时各地区已有。

故了解易学必须以象数为主，当时归诸兼三才而两之，亦即因重的六十四卦乃成为战国中期一切自然科学的抽象模式，今所谓已得整体观念。能视天地为阴阳物而远取之，于近取诸身的医理尤为重要。于动植物，已知观鸟兽之文，鸟兽亦为阴阳，鸟阳而兽阴，种类无穷，文亦无穷。当时已取龙凤虎龟为代表以当四时，由是以通德类情，莫不可以卦象象之。可见当时视古代卦象所代表的事物，全以自然科学为主，其后观卦象而系成卦爻辞，始包括今所谓社会科学。然虽及社会科学，仍须以自然科学为基础，始可知卦象之所指。知辞而不知象，决不可谓之易道，故知认识卦象必当以具体的自然科学理论为基础。此阴阳五行九畴干支等象数的综合体，方为自战国起所发展的独特知识。惟历代易著与中医理论，尚能本此原则以发展，吾国所代表的东方文明即此结合三才之道的整体观。概而论之，由天地十数而五位相合，其方位五行见《内经·金匮真言论》。一至五数的五行，见《洪范》，此象数全合于成列的八卦方位，可见天门地户与四季土的认识，皆与易象有关（见图 1、2）。

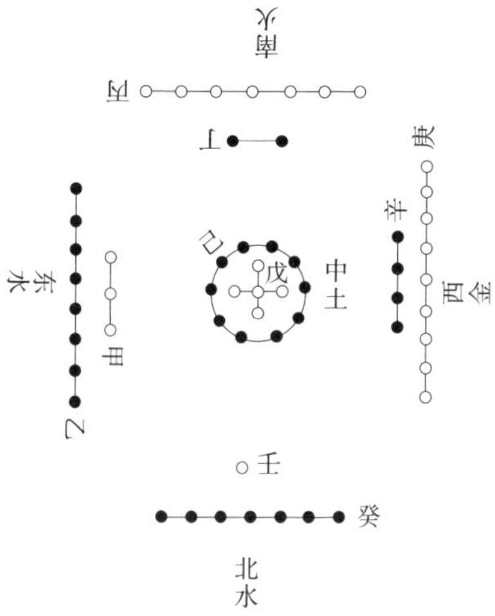

五位相合图

图 1

八卦成列图

图 2

《系辞下》有“生”“位”“仁”“财”“义”五者，即五行生克之理。今皆知孟子发展孔子之仁而为仁义，然以五行说观之，尚须增“生”“位”“财”，方可具备其周行不殆之理。详见下表。

金	木	水	火	土
生	位	仁	财	义

水	木	火	土	金	五行
仁	位	财	义	生	水
生	仁	位	财	义	木
义	生	仁	位	财	火
财	义	生	仁	位	土
位	财	义	生	仁	金

木是金的财爻，金是木的财爻。

又策数与筮法相通，仅以策数论，即五等分圆周360°，取参天两地之比数，故乾策二百十六，坤策百四十有四。至于太极两仪四象八卦之次，即一分为二的二进位制，然战国时止于八卦。因合于形象论，犹几何学的点、线、面、体。此于《墨辩》中已提及，由面而体名厚。《庄子·逍遥游》所谓“水之积也不厚，则其负大舟也无力”“风之积也不厚，则其负大翼也无力”，皆谓三维体。凡以八卦卦象当三维立方体的八角，当时名“六合”（见图3）。

至于《系辞》《说卦》的作者，极可能是孟子之门人或私淑弟子。准用夏变夷之理，故必使伏羲驾神农而上之，其后驺衍大九州的自然观、岐伯浑天说的形成，必皆有取于易象的乾圜坤布。谓与孟子有关者，因孟子之理每立足于当时自然科学的成就，亦即子思、孟子之儒所以较荀子之儒为可贵的实质。

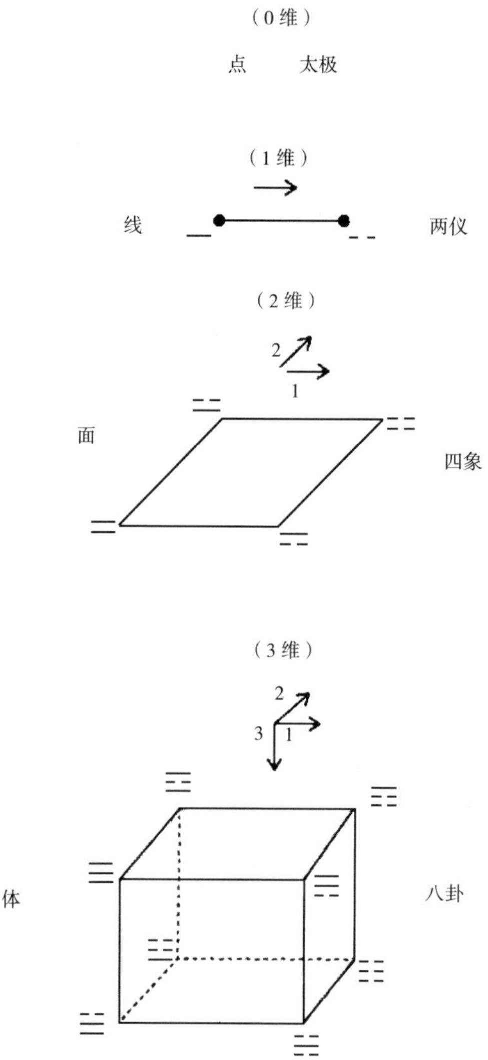

太极生生图

图 3

《孟子》选

《公孙丑章句》上

孟子曰："人皆有不忍人之心。先王有不忍人之心，斯有不忍人之政矣。以不忍人之心，行不忍人之政，治天下可运之掌上。所以谓人皆有不忍人之心者：今人乍见孺子将入于井，皆有怵惕恻隐之心；非所以内交于孺子之父母也，非所以要誉于乡党朋友也，非恶其声而然也。由是观之，无恻隐之心，非人也；无羞恶之心，非人也；无辞让之心，非人也；无是非之心，非人也。恻隐之心，仁之端也；羞恶之心，义之端也；辞让之心，礼之端也；是非之心，智之端也。人之有是四端也，犹其有四体也。有是四端而自谓不能者，自贼者也；谓其君不能者，贼其君者也。凡有四端于我者，知皆扩而充之矣。若火之始然，泉之始达。苟能充之，足以保四海；苟不充之，不足以事父母。"

《滕文公章句》下

公都子曰："外人皆称夫子好辩，敢问何也？"

孟子曰："予岂好辩哉？予不得已也！天下之生久矣，一治一乱。当尧之时，水逆行，泛滥于中国，蛇龙居之，民无所定；下者为巢，上者为营窟。《书》曰：‘洚水警余。’洚水者，洪水也。使禹治之。禹掘地而注之海；驱蛇龙而放之菹；水由地中行，江、淮、河、汉是也。险阻既远，鸟兽之害人者消，然后人得平土而居之。

“尧舜既没，圣人之道衰，暴君代作。坏宫室以为污池，民无所安息；弃田以为园囿，使民不得衣食。邪说暴行又作，园囿、污池、沛泽多而禽兽至。及纣之身，天下又大乱。周公相武王诛纣，伐奄三年讨其君，驱飞廉于海隅而戮之。灭国者五十。驱虎、豹、犀、象而远之，天下大悦。《书》曰：‘丕显哉，文王谟！丕承者，武王烈！佑启我后人，咸以正无缺。’

“世衰道微，邪说暴行有作，臣弑其君者有之，子弑其父者有之。孔子惧，作《春秋》。《春秋》，天子之事也。是故孔子曰：‘知我者其惟《春秋》乎！罪我者其惟《春秋》乎！’

“圣王不作，诸侯放恣，处士横议，杨朱、墨翟之言盈天下。天下之言不归杨，则归墨。杨氏为我，是无君也；墨氏兼爱，是无父也。无父无君，是禽兽也。公明仪曰：‘庖有肥肉，厩有肥马，民有饥色，野有饿莩，此率兽而食人也！’杨墨之道不息，孔子之道不著，是邪说诬民，充塞仁义也。仁义充塞，则率兽食人，人将相食。吾为此惧，闲先圣之道，距杨墨，放淫辞，邪说者不得作。作于其心，害于其事；作于其事，害于其政。圣人复起，不易吾言矣。

“昔者禹抑洪水而天下平，周公兼夷狄，驱猛兽而百姓宁，孔子成《春秋》而乱臣贼子惧。《诗》云：‘戎狄是膺，荆舒是惩，则莫我敢承。’无父无君，是周公所膺也。我亦欲正人心，息邪说，距诐行，放淫辞，以承三圣者，岂好辩哉？予不得已也。能言距杨墨者，圣人之徒也。”

《离娄章句》上

孟子曰：“离娄之明，公输子之巧，不以规矩，不能成方圆；师旷之聪，不以六律，不能正五音；尧、舜之道，不以仁政，不能平治天下。今有仁心仁闻，而民不被其泽，不可法于后世者，不行先王之道也。故曰：徒善不足以为政，徒法不能以自行。《诗》云：‘不愆不忘，率由旧章。’遵先王之法而过者，未之有也。圣人既竭目力焉，继之以规矩准绳；以为方员平直，不可胜用也。既竭耳力焉，继之以六律正五音，不可胜用也。既竭心思焉，继之以不忍人之政；而仁覆天下矣。故曰：为高必因丘陵，为下必因川泽。为政不因先王之道，可谓智乎？是以惟仁者，宜在高位，不仁而在高位，是播其恶于众也。上无道揆也，下无法守也；朝不信道，工不信度；君子犯义，小人犯刑；国之所存者，幸也。故曰：城郭不完，兵甲不多，非国之灾也；田野不辟，货财不聚，非国之害也；上无礼，下无学，贼民兴，丧无日矣。《诗》云：‘天之方蹶，无然泄泄。’泄泄，犹沓沓也。事君无义，进退无礼，言则非先王之道者，犹沓沓也。故曰：责难于君谓之恭，陈善闭邪谓之敬，吾君不能谓之贼。”

《离娄章句》下

孟子曰：“王者之迹熄而诗亡，诗亡，然后春秋作。晋之乘，楚之杌，鲁之春秋，一也。其事则齐桓、晋文，其文则史。孔子曰：‘其义则丘窃取之矣。’”

孟子曰：“天下之言性也，则故而已矣；故者，以利为本。

所恶于智者，为其凿也。如智者若禹之行水也，则无恶于智矣。禹之行水也，行其所无事也。如智者亦行其所无事，则智亦大矣。天之高也，星辰之远也，苟求其故，千岁之日至，可坐而致也。”

《尽心章句》上

孟子曰：“广土众民，君子欲之，所乐不存焉；中天下而立，定四海之民，君子乐之，所性不存焉。君子所性，虽大行不加焉，虽穷居不损焉，分定故也。君子所性，仁义礼智根于心，其生色也睟然，见于面，盎于背，施于四体，四体不言而喻。”

孟子曰：“杨子取为我，拔一毛而利天下，不为也。墨子兼爱，摩顶放踵利天下，为之。子莫执中，执中为近之。执中无权，犹执一也。所恶执一者，为其贼道也，举一而废百也。”

《尽心章句》下

孟子曰：“口之于味也，目之于色也，耳之于声也，鼻之于臭也，四肢之于安佚也，性也，有命焉，君子不谓性也。仁之于父子也，义之于君臣也，礼之于宾主也，知之于贤者也，圣人之于天道也，命也，有性焉，君子不谓命也。”

浩生不害问曰：“乐正子何人也？”孟子曰：“善人也，信人也。”“何谓善？何谓信？”曰：“可欲之谓善，有诸己之谓信，充实之谓美，充实而有光辉之谓大，大而化之之谓圣，圣而不可知之之谓神。乐正子，二之中、四之下也。”

孟子曰：“逃墨必归于杨，逃杨必归于儒。归，斯受之而已矣。今之与杨、墨辩者，如追放豚，既入其苙，又从而招之。”

《孟子》释义

孔子之说由鲁而邹，此子思之力而成于孟子。其取五行说，乃当时自然科学的成就，于数学更有特殊作用。子思、孟子取之以发展孔子之哲理，乃成邹鲁结合的儒家。凡当时已认识的自然科学理论，孟子莫不重视之，以为其哲理的根据。故知十翼之成，与此派儒家的关系最密切。

以数学论，孟子重视离娄之明，公输子之巧，更重视所利用的工具，即以规矩成方圆，故曰："圣人既竭目力焉，继之以规矩准绳，以为方圆平直，不可胜用也。"此可见孟子所谓圣人，必知今名"立体几何"的象数。数本为六艺之一。

以知识及天文等论，孟子重视认识客观物质的物性，如禹之顺水性以治水，以斥人为的穿凿，故曰："如智者亦行其所无事，则智亦大矣。天之高也，星辰之远也，苟求其故，千岁之日至，可坐而致也。"此见当时早已理解"水曰润下，火曰炎上，木曰曲直，金曰从革，土爰稼穑"的五行之性。于历数又早知四分历方能求千岁的日至。所谓天圜之道，二十八宿的相应，当时皆知求其故。反于人，即以此"故"为"性"。合远取近取为一，斯为可贵的整体论。《文言》曰："乾元用九，乃见天则。”所谓“天则”犹孟子所谓“故”，于人即为“性”。《系辞》曰：“一阴一阳之谓道，继之者善也，成之者性也。”实即足成孟子道性善之理，此道犹消息之故。合于卦象，即以卦气图可坐致千岁日至之故。

以音乐论，孟子重视师旷之聪，而更重视须本六律以正五音，故“圣人……既竭耳力焉，继之以六律正五音，不可胜用也”。此律吕相生，有三分损益之数存焉。由是以正五音，即五行运行之理旋相为宫，自然合于十二辰次。子思、孟子之重视五行说，实与乐理的五音有关，九九八十一以成八八六十四，乃有五音始于宫而穷于角的事实。

凡律历皆有数，孟子已了然于心，方能反身而论心。其分四端，即以恻隐之心为仁，羞恶之心为义，辞让之心为礼，是非之心为智。此即土与木、金、火、水，更以口、目、耳、鼻、肢，相应于仁、义、礼、智、圣，并深入体味性命互根之理。故凡阴阳五行之道，可云其理已穷，孟子之养气亦据于此。既知分定之性，自然是可欲者而非妄想，乃能生色以见面盎背。然当时已与告子不同，其后即有庄子合以老聃之说，而其道更广。盖《道德经》之成，虽在孟子前而孟子未见，故孟子后庶有明显的儒道之辨，于孟子时仅知斥杨墨为主。杨为早期的道家，与儒家较接近。唯儒墨之是非，乃战国初最早的学派分歧，墨子盖与子思约同时。

小 结

孟子与庄子的年代相距不远，然学术有一重要的变化。唐韩愈以为轲后无传，不可谓非。然未究传孟子之道者，所以发展《周易》的二篇成十翼，亦即结合当时自然科学的成就而归诸三才之道，由是掌宗庙祭祀的儒生又需进一步明阴阳五行的变化。其后于齐，结合本有的方士，乃有阴阳家产生，至邹衍而大盛。而庄子的《天下篇》，约成于孟子与邹衍之间。最重要的思想，发展除继承邹衍的儒家外，能益以《道德经》之说。故由孔子时的楚狂接舆等形成杨朱的为我，至老聃成书，始能破有身的大患而推求生命起源，乃可从儒家分出而独立成道家。庄之继老与孟之继孔，有相似的情况。而孔、老、孟本人皆未及见《周易》由二篇而十翼。唯庄子已见之，乃能扩大其思想境界。其后《周易》一书不期而成为儒道所兼取的工具书，虽观点多异，何碍于《周易》的象数。[①]故孟、庄时的学术大变，全在十翼已基本成书。唯其用辩证法，乃又有相对的《墨辩》以至惠施、公孙龙的名家。又另一角度发展《道德经》乃有法家。故六家之分约起于孟子后，此不可不知的历史事实。

---

① 手稿中此后有一句："故十翼之成，孔、老、孟虽未知，而发展儒道之理实在十翼。"

丙　　编

《公孙龙子》释义

自　序

曩尝习逻辑，复参以内典之因明，其旨一也。宗因喻之于三段论式，可谓全同。反观吾国之学说中，墨辩固亦然。若名家者，尤终身专乎此者也。或名“名家”，或名“因明”，或名“逻辑”，盖实同而名异耳。

惜吾国自秦汉以来，名学久寝，非若西洋哲学与乎佛学之以其为工具者也。司马谈论名家之长曰“若夫控名责实，参伍不失，此不可不查也”，殊中肯綮。可见名家之源，直本孔子正名之旨。《周易·系辞下》曰“开而当名辩物，正言断辞则备矣”，亦此义也。安可以异端废，后世忽之者，不亦有碍于学术乎。

迨清代治学，不乏由研经而及子书者，如毕沅、陈澧、俞樾、孙诒让等等，故名家之说，亦渐渐为学者所重。然其典籍佚已过半，唯《公孙龙子》中存有五论，尚能见名家之规模，是诚可宝之古籍。近人为之校释者得十余家，皆能各有所见。今更为释义，亦自抒所见而已。于各家之说，非敢苟同苟异，既不以意附会，亦不失其取譬之旨，盖一以阐明公孙龙子之本义为准。凡旬日而成，奈力不从心，谬误难免，先进长者有以指正则幸矣。岁在庚子夏，自序于二观二玩斋。

释　义

《迹府》第一

迹，事迹也。府，聚也。迹府云者，谓公孙龙子之事迹聚于其中，犹后世之传。盖辑此书者所作，辑者或当秦汉间人。

> 公孙龙，六国时辩士也。疾名实之散乱，因资材之所长，为守白之论，假物取譬，以守白辩。

谓公孙龙疾名实之散乱，即《名实论》曰："其以当不当也，不当而当，乱也。"因自资材之所长，为守白之论，可见此书原名《守白论》。后以人名名其书者，或即出于撰此《迹府》之辑者。

按《汉书·艺文志》"名家《公孙龙子》十四篇"，《隋书·经籍志》"道家《守白论》一卷"，其内容当同，盖一书二名耳。假物取譬，如《白马论》中之"马"，《指物论》中之"指"，《通变论》中之"羊牛马鸡"，《坚白论》中之"石"等等皆是。以守白辩，即"因是"而"离"，"故独而正"。详见《坚白论》。若因譬定名，曰"守白"而不曰"守黑"者，或对老子之"知白守黑"乎？夫老子亦见名实之散乱，乃曰"名可名，非常名"，盖不欲辩之也。而公孙龙子，则疾而欲辩正之，此取譬之微意欤?

谓白马为非马也。白马为非马者，言白所以名色，言马所以名形也，色非形，形非色也。夫言色则形不当与，言形则色不宜从。今合以为物，非也。如求白马于厩中，无有，而有骊色之马，然不可以应有白马也。不可以应有白马，则所求之马亡矣，亡则白马竟非马。欲推是辩，以正名实而化天下焉。

此述《白马论》之大义，以概其余。所以正白马之名实与马之名实，间有“有去”与“无去”之异，安可等视之耶。详见《白马论》。凡由“有去”而至“无去”，又推而至极，天下自然合一，即名实各当其名实，则正而不乱。此名家以之化天下者也。以上为第一节，明其学说。

按《太平御览》四百六十四人事部，引桓谭《新论》曰“公孙龙，六国时辩士也。为坚白之论，假物取譬，谓白马非马者，言白所以名色，马所以名形也，色非形，形非色”，即删录此节而成。又坚白之“坚”，必“守”字辗转征引而误。

龙与孔穿，会赵平原君家。穿曰：“素闻先生高谊，愿为弟子久，但不取先生以白马为非马耳。请去此术，则穿请为弟子。”龙曰：“先生之言悖，龙之所以为名者，乃以白马之论耳。今使龙去之，则无以教焉。且欲师之者，以智与学不如也。今使龙去之，此先教而后师之也。先教而后师之者悖。且白马非马，乃仲尼之所取。龙闻楚王张繁弱之弓，载忘归之矢，以射蛟兕于云梦之圃而丧其弓，左右请求之。王曰：‘止。楚王遗弓，楚人得之，又何求乎？’仲尼闻之曰：‘楚王仁义而未遂也。亦曰人亡弓，人得之而已，何必楚。’若此，仲尼异楚人于所谓人。夫是仲尼异楚人于所谓人，而非龙异白马于所谓马，悖。先生修儒术而非仲尼之所取，欲学而使龙去所教，则虽百龙固不能当前矣。”孔穿无以应焉。

以上为第二节，明龙与孔穿相辩之迹。龙以白马非马以当孔子之何必楚，诚是。盖楚人犹白马之有去，人犹马之无去也。

公孙龙，赵平原君之客也。孔穿，孔子之叶也。穿与龙会，穿谓龙曰：“臣居鲁，侧闻下风，高先生之智，说先生之行，愿受业之日久矣，乃今得见。然所不取先生者，独不取先生之以白马为非马耳。请去白马非马之学，穿请为弟子。”公孙龙曰：“先生之言悖。龙之学，以白马为非马者也。使龙去之，则龙无以教。无以教而乃学于龙也者，悖。且夫欲学于龙者，以智与学焉为不逮也。今教龙去白马非马，是先教而后师之也。先教而后师之，不可。先生之所以教龙者，似齐王之谓尹文也。齐王之谓尹文曰：‘寡人甚好士，以齐国无士，何也？’尹文曰：‘愿闻大王之所谓士者。’齐王无以应。尹文曰：‘今有人于此，事君则忠，事亲则孝，交友则信，处乡则顺，有此四行，可谓士乎？’齐王曰：‘善！此真吾所谓士也。’尹文曰：‘王得此人，肯以为臣乎？’王曰：‘所愿而不可得也。’是时齐王好勇，于是尹文曰：‘使此人广庭大众之中，见侵侮而终不敢斗，王将以为臣乎？’王曰：‘钜士也，见侮而不斗，辱也。辱则寡人不以为臣矣。’尹文曰：‘唯见侮而不斗，未失其四行也。是人未失其四行，其所以为士也。然而王一以为臣，一不以为臣，则向之所谓士者，乃非士乎？’齐王无以应。尹文曰：‘今有人君将理其国，人有非则非之，无非则亦非之，有功则赏之，无功则亦赏之，而怨人之不理也，可乎？’齐王曰：‘不可。’尹文曰：‘臣窃观下吏之理齐，其方若此矣。’王曰：‘寡人理国，信若先生之言，人虽不理，寡人不敢怨也。意未至然与？’尹文曰：‘言之敢无说乎？王之令曰，杀人者死，伤人者刑。人有畏王之令者，见侮而终不敢斗，是全王之令也。而王曰，见侮而不斗者，辱也。谓之辱，非之也。无非而王辱之，故因除其籍，不以为臣也。不以为臣者，罚之也。此无罪而王罚之也。且王辱不敢斗者，必荣敢斗者也。荣敢斗者，是而王是之，必以为臣矣。必以为臣者，赏之也。彼无功而王赏之，王之所赏，吏之所诛也。上之所是，而法之所非也。赏罚是非，相与四谬，虽十黄帝不能理也。’齐王无以应焉。故龙以子之言有似齐王，子知难白马之非马，不知所以难之说。以此，犹知好士之名，而不知察士之类。”

以上为第三节，仍明龙与孔穿相辩之迹。盖相传之说，各有所主而略有相异，辑者乃并存之耳。

凡上节主明白马非马之不可去，此节复引尹文之二例，一明士与非士之失实，一明赏罚是非之相与四谬，皆非举之谓也，以譬孔穿之先教后师，以难白马非马，亦犹是也。相与四谬者，谓赏罚是非四者相与为谬也。凡赏是罚非则名实正，或赏非罚是，则名失其实而四者皆谬。此二节复见于《孔丛子》卷中、《公孙龙》第十二。四谬作曲谬，必形似而误。且已合为一节，下更有驳公孙龙子之说，然辩非所辩，其理未合。间曰：“楚自国也，白自色也，欲广其人，宜在去楚。欲正名色，不宜去白。”尚未喻取譬之旨。盖宜不宜对境而言，故孔穿之言，亦可改为“楚自国也，白自色也，欲广其马，宜在去白，欲正名国，不宜去楚”。此皆与是非于境，非正名实之谓。况既知有宜不宜之境，更可证白马之为非马也。若所引尹文之言，见于《吕氏春秋》卷十六之《正名篇》。

又公孙龙子之事迹，不仅此也。扬子《法言·吾子篇》“或问公孙龙诡辞数万以为法，法欤”，则辩辞之多可知。此文必已多阙，不然未合府字之义。按《汉志》载十四篇，今存六篇，佚八篇，则佚已过半。且此篇者，虽存未全，以下五论亦难免有阙，惜哉。然今唯能就存者以释之耳。若事迹学说，尚有可考者，另详《公孙龙考》。[1]

---

① 手稿中有一页，部分与此节相同，不同处有二：1，“非正名实之谓”后，有“曰白马非马者，所以明有去无去之未可等视耳”。2，“另详《公孙龙子考》”，有这样一段：“《孔丛子》中尚载有辩‘臧三耳’，《吕氏春秋》卷十八之《淫辞篇》中同，然作‘臧三牙’，详见《通变论》。《战国策·赵策三》载公孙龙劝平原君不受封，《史记·平原君列传》同。此事合于有功而不伐之旨，其言可取。又《吕氏春秋》卷十八之《审应篇》，载与赵惠王言偃兵，《应言篇》载说燕昭王以偃兵，皆以名责实，名家之本务也，犹孔孟之诚。其非攻之旨与墨子同，且以非攻言，亦未尝不同于孔孟。《淫辞篇》又载责秦之非约，乃通乎时之先后而言，盖本二无一之旨，详见《通变论》。《淮南子·道应篇》载公孙龙以能呼者为徒，是犹孟尝君之客鸡鸣狗盗。子曰‘志于道，据于德，依于仁，游于艺’，能即艺，龙必与有能者游，时尚所趋，不得不然。《艺文类聚》（下阙）”

《白马论》第二

此论明白马非马。

“白马非马，可乎？”

设客难以明白马非马之理，全论皆问答体。以全书例，白上脱曰字。客第一问。

曰：“可。”

此公孙龙子答语也。可者，肯定之。主答客第一问。

曰：“何哉？”

客问：何以白马非马。客第二问。

曰：“马者，所以命形也。白者，所以命色也。命色者，非命形也，故曰白马非马。”

主阐明其理，乃全论之总纲。谓马者马之形，凡具马之形者，皆可谓之马。白者白之色，凡具白之色者，皆可谓之白。然命色与命形非一，若白马者，已兼及命色与命形，则非命形而未及命色之马，故曰白马非马。主答客第二问。

曰："有白马，不可谓无马也。不可谓无马者，非马也。有白马为有马，白之非马，何也？"

客问设有白马，不可谓无马。无马即非马，故不可谓非马。然则有白马即为有马，何以因其白而谓之非马耶。意谓白之而由命形兼及命色，然命形仍在，故不可谓非马。客第三问。

曰："求马，黄黑马皆可致。求白马，黄黑马不可致。使白马乃马也，是所求一也。所求一者，白者不异马也。所求不异，如黄黑马有可有不可，何也？可与不可，其相非明，故黄黑马一也。而可以应有马，而不可以应有白马，是白马之非马，审矣。"

主答之曰，凡欲求马而不限以色，黄黑马皆可致。或限以白马，则黄黑马不可致。故使白马乃马，是所求一，即同实。一而同实，则白者不异马也。白者谓白马既不异，黄黑马何以可当马而不可当白马，有可与不可，其实必有相非。若究其实，黄黑马本身自等而一也，则其可以应有马而不可以应有白马者，必马之名实不同于白马之名实。是白马之非马，审矣。盖客知命形而兼及命色，其命形仍在，安知由形而及色，其形已为色所限，故有限之白马非无限之马，即白马为马之部分耳，其实未同于全类。主答客第三问。

曰："以马之有色为非马，天下非有无色之马也。天下无马，可乎？"

客更进而难之曰：如以色限之而为非马，则天下殊无无色之马。然则天下之马皆为非马，非马即无马，可谓天下无马乎？盖客以有色之马为非马，尚未悟其实未同之所以然，故有此问。客第四问。

曰："马固有色，故有白马。使马无色，有马如已耳，安取白马？故白马非马也。白马者，马与白也。马与白马也，故曰白马非马也。"

主答之曰，马固有色，故始有白马之名。不然徒有马名而已耳，安取白马之名。此谓有名必有实，安可谓天下无马。唯因色异，故命色之白，非命形之马。白马者，马与白之合也。然则马与白马，犹马与马与白也，其不同自见，故曰白马非马。此答既破客难，复明马与白马之实，其不同之所以然。主答客第四问。

曰："马未与白为马，白未与马为白。合马与白，复名白马。是相与以不相与为名，未可。故曰，白马非马，未可。"

客又难上节之义，谓马未与白为马，白未与马为白，即马自马，白自白，此不相与也，犹上曰白者非马也。然既合马与白而为白马，是为相与之复名。既相与而仍以不相与为名，谓视白马为白与马，奚以可？乃白与马宜合一，故白马者，当为马类而未可谓之非马。

按复通複，复名犹兼名，其对为单名。《荀子·正名篇》：

“单足以喻则单，单不足以喻则兼。”杨倞注曰：“单，物之单名也。兼，复名也。”此客以分辨相与（复名）不相与（单名），以明白马与马，殊可取。然仍未喻单名复名之实，有有去无去之异。主以马与白解白马者，非析复名为单名耳，乃辩其实也。奈客未悟，故此问之旨，同第三问。客第五问。

曰：“以有白马为有马，谓有白马为有黄马，可乎？”

主以客未喻答第三问之旨，故本其理而易其辞，“以有白马为有马”，即上曰“使白马乃马也”。以下反问，欲客自知白马与马之实，盖不同者也。即有白马为有黄马未可，有马为有黄马可，则白马非马，审矣。主答客第五问而反问之。

曰：“未可。”

客答主之反问而尚未悟，乃自陷于非焉。客答主之反问。

曰：“以有马为异有黄马，是异黄马于马也。异黄马于马，是以黄马为非马。以黄马为非马，而以白马为有马，此飞者入池而棺椁异处，此天下之悖言乱辞也。”

主因客意而指出其非，义殊简洁。盖客既以有白马为有马（客第五问之意），又以有白马未可为有黄马（客答主反问之意），则即以有马为异有黄马，是不啻以黄马为非马。然黄马白马，同为复名，何可或为非马或为有马，此天下之悖言乱辞也，犹飞者入池而棺椁异处，谓必无之事。主承上以破客之第五问。

曰："有白马不可谓无马者，离白之谓也。不离者，有白马不可谓有马也。故所以为有马者，独以马为有马耳，非有白马为有马也。故其为有马也，不可以谓马马也。"

至此，客已悟白马与马之实，确不同者也。若仍以有白马不可谓无马者，离白之谓也。离白者，离去其白而不论之也。或不离者，有白马不可谓有马，是犹白马非马也。奈尚欲以白马为有马而不以为非马者，独以马固为有马，非以有白马为有马。然白马中亦有马焉，何可非之而视白马之马与马为二，而谓马马耶。马马云者，犹云马非马。按此问之实，已同公孙龙子，唯名尚未正耳。客第六问。

曰："白者不定所白，忘之而可也。白马者言白，定所白也。定所白者，非白也。马者，无去取于色，故黄黑皆所以应。白马者，有去取于色，黄黑马皆所以色去，故唯白马独可以应耳。无去者，非有去也，故曰白马非马。"

客既知其实，主乃承离白而更为阐明白马非马之理。白者不定所白，犹客曰白未与马为白，忘之而可也，即《坚白论》曰白固不能自白。然白马之白与白有定不定之异，故定所白者，非白也。又以马言，白马之马与马亦然。即马者不定于色而无去取，犹客曰马未与白为马，故黄黑马皆所以应。白马者，定于色而有去取，故黄黑马皆所以色去，唯白马可应耳。然则定而有去取，固非不定而无去取，即复名非单名。简而言之，无去者非有去也，故有去之白马非无去之马。若客所谓马马者，一为有定有去取之白马，一为不定无去取之马也。实既有异，宜有所别，未可离白而同之。然非以马为二而以马为非马也，乃覈实而为之正名耳。或谓公孙龙子以马为非马者也，然细绎全论，唯以白马为非马，未尝以马为非马。此正名乱名之机，不可不明辩之。若曰指非指者，另有其义，未可以例马非马，详见《指物论》。主答客第六问。

夫此论共六问六答及一反问，盖设辩以明白马非马，合而言其理，不外命色非命形，无去非有去而已矣。

《指物论》第三

此论明指非指。

物莫非指，而指非指。

物之义，即《名实论》曰“天地与其所产者，物也”。指者，《说文》“手指也”。引申之，凡指物曰指，《系辞上》曰“辞也者，各指其所之”是也。若此所谓指者，又引申之而以指及之物曰指，《楞严经》曰“如人以手，指月示人，彼人因指，当应看月”犹此义。故物莫非指，谓由指而知物。然指在指者为能指，在万物为所指，指非指者，能指非所指也。按或以指作手指解，尚曰指非指，则为乱名。故《白马论》不曰马非马，此则指非名字，乃能指无实而所指有实，故可曰指非指。

天下无指，物无可以谓物。

凡物者必因时位，于其时位间显其形色等。形色等总名曰德，亦可谓德因时位而显，若此莫不可指。而或不以时位德以指之，是曰天下无指，谓无能指也，则虽有万物，亦无可以谓物。物而无可以谓物，不能格物之谓也。

非指者，天下而物，可谓指乎？

而犹乃也，天下乃物者，仅有所指而无能指，尚可谓指乎？是谓非指。

指也者，天下之所无也。物也者，天下之所有也。以天下之所有，为天下之所无，未可。

指谓能指，未可见者也，故为天下之所无。物谓所指，有实以显者也，故为天下之所有。有无未可一，故指非物。

以上为第一节，总论指物之关系。

天下无指，而物不可谓指也。

上曰“天下无指，物无可以谓物”，此句义同，唯以指字代物字。指谓所指，盖既无能指，则物自物而不可谓所指也。

不可谓指者，非指也。

此以非指代不可谓指，谓物非所指。

非指者，物莫非指也。

此以指代非指，盖所指非能指，则既非所指，即莫非能指。谓物非所指者，则物自物而莫非能指。《诗》曰“天生烝民，有物有则”，是其义。此格物而物格，亦即合能指所指为一。

以上为第二节，明物莫非指。

天下无指，而物不可谓指者，非有非指也。

此承上节而更深入阐明之，谓天下无指而物不可谓指者，即为非指。然非指者，物莫非指也，故非有非指。

非有非指者，物莫非指也。

此复以物莫非指，代非有非指。意谓物自物而有能指，则物莫非能指也。

物莫非指者，而指非指也。

此以非指代指，盖又分能指、所指为二。谓物有能指，然能指非所指，而指非指也。

以上为第三节，反复以明指非指。

天下无指者，生于物之各有名，不为指也。

此总承上三节天下无指而明其故，盖指者由能指以指所指而得其实。然于所指之物各以名名之，则为名而不为指也，是故天下无指。凡指则通一切而可曰指非指，名则定于一实而未可曰名非名，此指名之大别也。

不为指而谓之指，是兼不为指。

不为指者为名也。名而谓之指，是兼不为指。谓名既不为指，又以不为指之名为指，不亦兼不为指乎？

以有不为指，之无不为指，未可。

有不为指谓物之名，无不为指谓物之实。若以物指名为指，则指皆失实，乃以有不为指之无不为指。之，适也，即兼不为指，此未可者也。

且指者天下之所兼。

兼对是节首句“各有名”之“各”字言。谓名以别物，指则兼于天下之万物也，故未可以名为指。

以上为第四节，明因名而无指。

天下无指者，物不可谓无指也。

上曰天下无指而物不可谓指，盖明物非指。然或以名为指而兼不为指，则物之实又无不为指。故此则更由物而言，谓天下无指者，物犹自为物，则物亦能指而不可谓无指也。

不可谓无指者，非有非指也。

此以非有非指代不可谓无指。

《名实论》第六

此论明审名实而正之。

天地与其所产焉，物也。

《易·序卦》："有天地然后万物生焉，盈天地之间者唯万物。"此句义同，谓乾天阳物，坤地阴物，资始资生而万物产焉。

物以物其所物而不过焉，实也。实以实其所实不旷焉，位也。出其所位，非位。位其所位，正也。

凡天地间之万物，各物其所物而不过于是物，则为是物之实。因其实而不旷废其实，是为位。或出其所位，是谓非位。非位者，物之实旷焉。能位其所位，是谓正。以上明物实正位非位之定义。

以其所正，正其所不正。以其所不正，疑其所正。

《道藏》本无“以其所不正”五字，今据《子彙》本、《绎史》本。然此五字之有无，尚无碍于原意，有则较为明晰耳。凡以其所正而正其所不正，所以明物之实。不正即上曰非位，然于旷不旷之际，或有疑焉，是即疑其所正。又正与不正相对，故或疑其所正，则其所以者，已由正而为不正焉。此明正不正之变化，犹《易·系辞》：“辩是与非，则非其中爻不备。”

其正者，正其所实也。正其所实者，正其名也。

此明由正实而及正名。盖名以覈实，然名则唯乎其彼此者也，实则有正不正之际者也。于际则不得不疑，故宜由正名以正实。

其名正，则唯乎其彼此焉。谓彼而彼不唯乎彼，则彼谓不行。谓此而此不唯乎此，则此谓不行。其以当不当也。不当而当，乱也。

《道藏》本“谓此而此”作“谓此而行”，“不当而当”作“不当而”，今据《子彙》本、《绎史》本。名者所以别彼此，故名正者，彼唯彼，此唯此，即“唯乎其彼此焉”。而或谓彼而所谓之彼不唯乎彼，则所谓之彼，其名不行。此亦然。若所以不行者，盖以当当不当，亦即不当而当当，则名实乱，安可行哉。

故彼彼当乎彼，则唯乎彼，其谓行彼。此此当乎此，则唯乎此，其谓行此。其以当而当也，以当而当，正也。

此谓能正名，即彼而谓之彼，必当乎彼，则唯乎彼而行彼。行此亦然。若所以行者，盖以当而当，即当彼则彼，当此则此，则名实正而行矣。

故彼彼止于彼，此此止于此，可。彼此而彼且此，此彼而此且彼，不可。

此总上行不行二段义，谓必彼当彼，此当此，则名正而可。如以彼当此则彼犹此，以此当彼则此犹彼，彼此无别乃名乱而不可。

夫名实，谓也。知此之非此也，知此之不在此也，则不谓也。知彼之非彼也，知彼之不在彼也，则不谓也。

《道藏》本“知此之非此也，知此之不在此也，则不谓也”作“知此之非也，知此之不在此也，明不谓也”，今据《子彙》本、《绎史》本。此明谓不谓，夫以名命实，必名实相合则谓之，故正名亦所以正实。或知此之非此，即知此之不在此，彼亦然，则不谓也。不谓者，盖名实已乱，即旷而非位也。

至矣哉，古之明王。审其名实，慎其所谓。至矣哉，古之明王。

二言“至矣哉，古之明王”，深赞之也，与《易·文言》二言“其唯圣人乎”同例。审其名实者，谓名之彼此，必当实之彼此，则正而行，不然则乱而不行。慎其所谓者，谓实旷而非位，则名之彼此不足以谓实，是以不谓。古之明王者，即能审彼此而慎其谓不谓也。

附　　录

论周初甲骨文的异形字

1977 年 7—8 月，周原考古队在发掘岐山凤雏村甲组建筑基地时，发现了大批甲骨文。已用碳 14 放射鉴定此建筑基址的年代，结果为公元前 1095 ± 90 年，可见此批甲骨文确属周初遗物。详见 1979 年第 10 期《文物》。

于甲骨文中载有异形字（又作异形体字）二片，见（H11:7）（H11:81），今试论其含义。观此二片所刻的异形字凡四，似可肯定其为阴阳变化的符号。其一为⊹，见（H11:7）（H11:81），于｜有长有短，后发展成—，就是不用｜，亦就是缩｜成一点。观甲骨原文，｜皆处于—的中点，如（H11:81）一片中的⊹更明显，其后《周易》所用阳的符号，实来原于此。｜虽不用，阳仍贵中点。

其二为)(，见（H11:7）。于分开的对称二折，后发展成 - -，就成《周易》所用阴的符号。对偶于阳，中点为虚。

其三为⋈，见（H11:7）。于十的符号旋转 45°，使上下左右四点交于分开的对称二折的四点，含义有以阳变阴的现象。后发展成▭的符号，实与⋈同义，谓由一而二。

其四为⋀，见（H11:81）。于分开的对称二折，使直其折处，乃可交于一点，含义有以阴变阳的现象。后发展成 × 的符号，实与∧同义，谓由二而一。

最重要的证明，此二片异形字，皆六字相重，数与六十四卦之六十四卦的意义，完全相同，就是《春秋左传》所载的某卦之某卦。《淮南子》曰："周室增以六爻。"今有此甲骨，确可证明其言有所指。郑玄云："《周易》以变者为占，故称九称六。"亦非空言。由是此二片周初甲骨的异形字，可释之如下：

H11:7　未济之解

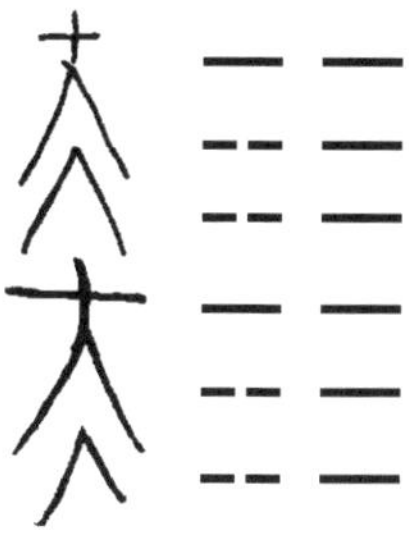
H11:81　艮之乾

更以大衍数的筮法言，+的数为七；)(的数为八，⋈的数为九；∧的数为六。增六爻以称九称六，《周易》贵在明阴阳的变化，此方为周室的文化，所以发展夏商的《连山》、《归藏》以不变者为占。占由用不变而用变，以今日的数学名词论，已有泛函的概念。然则三千年来，吾国的思想家，莫不重视《周易》，绝非偶然。

又，《陕西岐山凤雏村发现周初甲骨文》的报导，以（H11:81）为四字，即太∧太∧，殊觉未妥，详已见上。

再论周初甲骨文的异形字

以阴阳变不变的数理，解释周初甲骨文的异形字，似可完全肯定是易象经过周室增爻后的符号。由是再读《考古学报》1957 年第 2 期所载唐兰《在甲骨金文中所见的一种已经遗失的中国古代文字》一文，其理全同。尚有十四个异形字，可逐字以卦象示之。

凡已见于钟鼎的有六字。

其一，宋麻城发现六件铜器里的一件中方鼎，鼎铭叙述王赏给中以被土的事情，铭末有、两字。

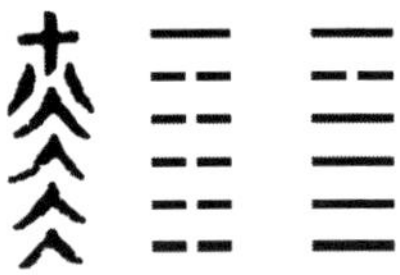

剥 之 大有

比 之 夬

其二，近代著录的铜器里面，中旃父鼎说，“中旃父乍宝隩鼎”，在鼎字下有字（《三代吉金文存》，卷三，十八）。

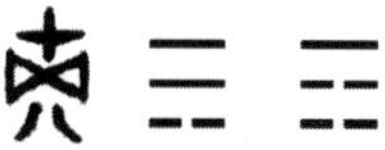

巽 之 艮

其三，堇伯簋说。“堇白乍簟隮彝”，彝字下有字（《三代吉金文存》，卷六，四十）。

兑 之 震

此处见一的符号，与《周易》中阳的符号已同。合、、一三字观之，以数字论，为十，为七，一为一。以符号论，皆指阳。且同一字中，尚未杂见与一，可证其义盖同。

其四：效文彝说，“休王易效父吕三，用乍宝隮鼎”，彝字下有字。（《褱米山房吉金图》上，廿二）

艮 之 震

其五：故宫博物院藏现存台湾的一个卣铭两字，下面是召字的复写体，上面是倒写的。

节　之小畜

凡见于周初甲骨的有八字。

其一：1950 年发掘安阳的四盘磨，出土了一块卜用大骨，得三字，一个字。此外二字为“曰隗，曰魁”。

明夷 之 随

未济 之大有

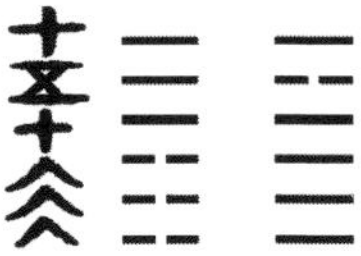

否 之大有

此处见⊠，即⋈字旋转90°，古文字本有变其纵横之例，其义当同。若⿰鬼卑、⿺鬼□二字之义，或与汉京房的游魂、归魂有关。

因大有属乾宫归魂卦，未济属离宫三世，否属乾宫三世。又归魂卦亦主三。故⿰鬼卑有异宫同世三爻之象，⿺鬼□有同宫同世三爻之象。

其二：1956年丰镐遗址的区域内，发现一块有文字的卜骨，继之又发现了一块，后又有一块，前后共三块。一块有、两字，一块有、两字（此二块拓片见1957年第2期《考古学报》），另一块有一个字（此拓片未见）。

升 之小畜

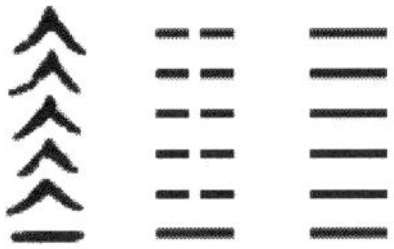

复 之 乾

此片于复之乾，第五爻似作一，则为屯之乾，惜影印不甚清晰。

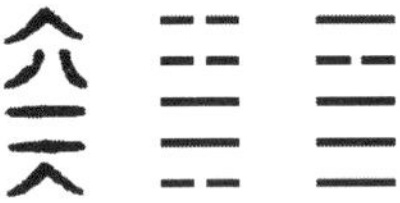

恒 之 大有

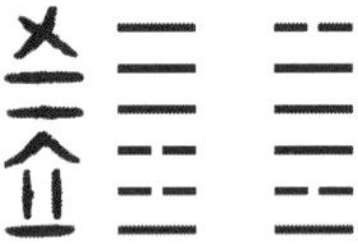

无妄 之 革

此片于恒之大有，仅五爻。细察影印，∧下尚有一，则为，卦当丰之大有。又此处有×的符号，后世作为以阴变阳，其初当十旋转 45°，故作为阳变阴的符号，与上下或左右加二或)(同义。又)(于此处作ǁ，更接近于《周易》阴的符号▬ ▬。

乾 之 中孚

此拓片未见，有一不同处，于上下四阳爻，有上短下长的变化，则是否为二字，二当作▬ ▬，此字可示为下：

大过 之 颐

这一情况，待见此拓片后再决定。总上所述，凡周初异形字十四，加上 1977 年出土的二字，共十六字，莫不可一例解之，似非偶然。此异形字，就是六爻之变，故《周易》之成于周初，其证已无可疑，亦不必再视此异形字是一个民族已失传的古文字。

从《周易》卦象了解膳夫的职守

由西周甲骨文的出土，对了解周初的文化将起大变化。其中有异体字，今初步证实与《周易》的象数有关，且此类异体字，已见于金石，然当时尚未知。张政烺教授首次指出，这种记号应该用八卦来解释，因此《淮南子·要略篇》中所谓“周室增以六爻”，可信为确有其事。故《周易》二篇的卦爻辞，全文或非文周所编定，亦可视为由文周始，而部分具备于周初。现在根据卦象、卦名来了解膳夫的职守。

六十四卦的卦名中，有一卦名鼎，卦象为䷱。又有一卦名家人，卦象为䷤。这二卦的不同，就是下、上两象的位置对调，汉代解释《周易》对此类卦象的变化，有一个专门名词，叫做“两象易”。由家人、鼎的两象易，含有我国社会组织的理论。家人是家庭组织，鼎是国家组织。不论家庭与国家，解决饮食问题是主要问题之一。故家人卦有“在中馈”的爻辞，鼎卦亦有“鼎有食”、“雉膏不食”、“覆公𫗧”的爻辞。主妇管理家政，故家人卦卦辞为“利女贞”。由内而外，膳夫管理国政，假借烹饪鼎食，以喻其治理国家的方法。谓当预防仇人来抢此鼎食，不可有各种矛盾而使烹饪好的雉膏不能食，更不可自相矛盾，使鼎足折断而公餗覆翻于地。凡此完全是膳夫的职守，能胜其任，方合鼎卦的卦辞“元吉亨”，亨同烹。准此义以观大克鼎、山鼎的铭文中，膳夫有宣王命及管理经济等任务，不足为怪。故膳夫的官职，以狭义讲，确当直接为王室烹饪的官员，而实际的职守已成为总管国政。这种官制，确可视为建立于周初。

《周易》中关于休耕的资料

休耕时用作放牧，这方面的资料，在《周易》无妄卦中，有相应的记载。先录原文：

无妄

六二　不耕获，不菑畬，则利有攸往。

六三　无妄之灾，或系之牛。行人之得，邑人之灾。

汉郑玄注："妄犹望，谓无所希望也。"义谓此卦卦象，在记录无所希望的事。于二三两爻，就提到利用休耕的情况。

地须休耕，然于不耕时亦希望有所收获，是谓"不耕获"。又郑玄注："一岁曰菑，二岁曰新田，三岁曰畬。"正指休耕的专门名词。故二爻的意义，似在指如何利用休耕的土地，或能利用，"则利有攸往"。下一爻就记录利用的方法。"无妄之灾"，灾与菑字可通，谓以休耕的土地"或系之牛"，这就是放牧。"行人"指牧牛者，"邑人"指耕种土地者。以"行人"的放牧代替"邑人之灾"，就是"不耕获，不菑畬"的"无妄之灾"。故此二爻的爻辞，可视为西周利用休耕的具体资料。

《左传》与《周易》

春秋时代，前后延续二百四十二年。按照公羊三世对春秋的分期，可分为三期。第一期为所传闻世（-722——-627），包括隐、桓、庄、闵、僖五公。第二期是所闻世（-626——-542），包括文、宣、成、襄四公。第三期是所见世（-541——-451），包括昭、定、哀三公。公元前五百年左右，是世界各大文明古典文化大发展的时期，如埃及、希腊、印度都有重大的文化思想的出现。在中国的这一阶段，就是春秋，以后就是战国，造成先秦文化的灿烂局面。在春秋有孔老的出现，而最重要的事实，就是所闻世辑成《周易》卦爻辞。此后《周易》结合于孔，则形成儒家的思想系统。《周易》结合于老，则形成道家的思想系统。然而之所以出现孔、老、《周易》，就必须理解当时中国文化本身的发展状况。而理解《周易》卦爻辞，必须理解的两件重要事实是：河图洛书的象数基础和对卜筮的认识，有此认识，才能辑成《周易》卦爻辞。

理解所传闻世对卜筮的认识，有两方面的资料：一是今日的考古文献，一是《左传》《国语》的文献记载。今将两方面资料相合，可知传统说法中殷尚卜周尚筮的说法有错误的成分。

事实是一直到东周的春秋时代，卜筮两者还是基本并存，一直到《周易》卦爻辞辑成以后，并经过《左传》作者的大力宣传，筮占才逐渐代替龟卜取得统治地位。而在当时则卜筮并存，并有“筮短龟长”之义。

《左传》所传闻世记载的卜筮情况有九则，分别是桓公六年（-706），桓公十一年（-701），庄公二十二年（-672），闵公元年（-661），闵公二年（-660），僖公四年（-656），僖公十五年（-645）二则，僖公二十五年（-635）。九则之中，庄公二十二年周史为陈公子完筮奔齐事，闵元年毕万筮仕于晋事，闵二年筮成季子将生事，当属《左传》作者伪托，目的是为当时的田氏代齐、三家分晋、鲁季氏专政等造舆论。其余诸则可信其为真，可考察当时卜筮状况。

凡所列各则，基本卜筮并重。凡象数卜重五行，筮重阴阳，阴阳五行并重，庶见《周易》之原。先秦以后，由于经学易的兴起，读易者往往不认识易中有五行而仅论阴阳，把《周易》的范围一再限制，渐趋狭窄，此亟宜纠正之。僖十五年的二则，一则涉及贞悔卦象，一则涉及龟象筮数，可见《周易》辑成卦爻辞前的基本状况。各种必备条件已基本成型，于是辑成《周易》卦爻辞才水到渠成。此外桓六年有太子生，“接以太牢，卜士负之，士妻食之”的记载，可知当时的卜士，确有相当高的地位，在国家组织和文化结构中不可或缺。有这样的社会基础，才是辑成《周易》卦爻辞并能广泛流行的条件。桓十一年在卜筮中，言及“卜以决疑，不疑何卜”之义，此义精深之至。凡《周易》卦爻辞从卜筮中来，而一旦辑成卦爻辞，根本意义已非卜筮。“卜以决疑，不疑何卜”之义，可当此间的转机。由所传闻世入所闻世，宣六年（-603）王子伯廖不待于筮而用易，成十三年（-578）刘康公以易三才之理而直接判断，皆和此义相通，即以后孔子所总结的“不占而已矣”。凡读易，当知象数之理，由象数而及义理。凡用《易》，首先当知《易》之占，深入当知《易》之不占，由占而不占，方可通《易》。

《国语》之时间

《国语》为战国时所保存西周至春秋末之史料，凡分周、鲁、齐、晋、郑、楚、吴、越八国。然八国史料之时间有先后，宜分别观其始卒之时间。每节用上海古籍出版社标点本所加的标题。

《周语》——凡三十三节。始于“祭公谏穆王征犬戎”，卒于“刘文公与苌弘欲城周”。按穆王尚在共和前八十年，据《史记》穆王在位五十五年，其后为恭王十二年，懿王二十五年，孝王九年，夷王八年，厉王二十六年。计共和元年为公元-841年，故穆王在位之五十五年，约当-975—-921，而祭公谏征犬戎，正当其时。又敬王杀苌弘在二十八年（-492），故《国语》记录周事间及四百数十年时间（-975—-492）。

《鲁语》——凡三十七节。始于“曹刿问战”，时当庄公十年（-684），卒于“孔丘非难季康子以田赋”。考季康子于哀公十二年（-483）用田赋，此使冉有访诸仲尼，在哀公十一年（-484），故记录鲁事间及二百年时间（-684—-483）。

《齐语》——凡八节。始于“管仲对桓公以霸术”，时当庄公九年（-685），卒于“桓公霸诸侯”。按桓公卒于僖公十七年（-643），即以卒年论，仅当齐桓公在位之四十三年（-685—-643）。故《国语》之于《齐语》，仅记桓公一霸而已。

《晋语》——凡一百二十七节。始于“武公伐翼止栾共子无死”，时当鲁桓公三年（-709），卒于“晋阳之围”时，已出春秋，在哀公二十七年（-468）。故《国语》之记录晋语（-709—-468），恰相似于整个春秋时期（春秋时期为-722—-481），内容亦特详。

《郑语》——凡二节。始于“史伯为桓公论兴衰”，桓公于幽王八年（-774）为司徒，史伯为论兴衰约当其时，卒于“平王之末秦晋齐楚代兴”。平王卒于五十一年（-720），于四十九年入春秋（-722），已见东周之未能更王天下。《国语》于《郑语》虽仅二节，恰明五十余年中（-774—-720）东西周之际的变化大势，基本可视为未入春秋。

《楚语》——凡十八节。始于“申叔时论傅太子之道”，按楚庄王在位二十三年（-613—-591），卒于“叶公子高论白公胜必乱楚国”，按白公乱在鲁哀十六年（-479），孔子即卒于是年。凡《楚语》记一百数十年之事，已当春秋所闻世及所见世之事。

《吴语》——凡九节。始于“越王句践命诸稽郢行成于吴”，时当鲁定公十四年（-496），卒于“句践灭吴夫差自杀”，时当鲁哀公二十二年（-473），其间仅二十余年之事。

《越语》——凡九节。始于“勾践灭吴”，亦起于鲁定公十四年之事（-496），卒于“范蠡乘轻舟以浮于五湖”，亦于灭吴后时间甚近。故《吴语》《越语》之时间基本相同。

后记一

1979 年 9 月，在前辈学者和友人的推荐下，潘雨廷先生进入华东师大古籍研究所工作。在 1980 至 1984 年前后，他在校内印行过一些油印讲义，其中有一种《先秦古籍选辑释义》。此稿全文 18 页，目录如下：

引言

周代纪年表

《论六家要旨》 汉司马谈（-190？—-110）

《论六家要旨》释义

《吕氏春秋》选 《季春纪第三·圜道》《序意》 秦吕不韦（？—-235）

《吕氏春秋》释义

《韩非子》选 《显学篇》第五十 韩 韩非子（-280？—-233）

《显学篇》释义

《荀子》选 《非十二（子）篇》第六 赵 荀卿（-298？—-238？）

《非十二子篇》释义

《史记·孟子荀卿列传》 齐 邹衍（-305？—-246？）

《邹子》释义

《庄子》选《天下篇》第三十三 魏 庄周（-369？—-286？）

《天下篇》释义

小结

以上为封面目录，而内文次序并不一致。实际目录如下：

引言

周代纪年表

《史记·孟子荀卿列传》

《邹子》释义

《荀子》选《非十二（子）篇》第六

《非十二子篇》释义

《韩非子》选《显学篇》第五十 韩 韩非子（-280？—-233）

《显学篇》释义

《吕氏春秋》选《季春纪第三·圜道》、《序意》 秦 吕不韦（？—-235）

《吕氏春秋》释义

两相对比，除了次序的不同，缺少两篇和小结，即：

所缺的两篇，位置居全编首尾，似乎提纲挈领。当时是二十世纪八十年代初期，中国百废待举，出版著作和刊行论文，非常不容易。用油印的方式发布研究成果，现在想来很不可思议，当时却已经算幸运了。此编应该是匆匆集成，不仅封面目录不正确，而且排版粗糙，多有错字和缺字（如《非十二（子）篇》脱“子”）。

潘先生刊行的油印稿有很多，篇幅长的如《易学史简介》（被用为《读易提要》代序言），篇幅短的只有不多几页。一些重要的论文，如《论“周易”大衍筮法与正则六维空间的一一对应关系》、《易学象数和现代数学》等等，就是靠这些方式保存下来的。此类讲义的发行，应该得到古籍研究所的支持，而油印需要刻蜡纸、滚油筒，花费的人工较多，印数也有限制。以后技术条件改善，采用晒图保存的新方式。整理者当年用特殊的黑水笔抄写潘先生手稿，其中包括《易学史发微》的绝大部分（当时没想到能出版），可惜这些抄件后来都散失了。

封面目录和正文不一致，虽然有些遗憾，还是保留了不少信息。所缺少的二篇，经过多方收罗，在其他油印稿中意外检得，可谓天幸。从原有目录看编纂意图，应该是以汉司马谈《六家要指》为纲领，上溯先秦诸子百家，而以庄子《天下篇》

的总结为最高峰。而此份油印稿中，是《天下篇》和小结在前，《论六家要旨》在后，似乎更相应秦汉之间的思想史自然顺序。在潘先生保存的手稿目录中，还有老子《道德经》选和《道德经》释义，有目无文，应该是没有写成。

在潘先生的油印稿中，还有第二个同题文本，共 50 页，目录如下：

《楚辞》选　楚　屈原（-343——-290）
《天问》章句第三
《卜居》章句第六
《渔夫》章句第七
《楚辞》释义
《周髀算经》选　卷上之一
《周髀》释义
《易纬》选《乾凿度》
《乾凿度》释义
论《易纬·稽览图》的卦气图
《墨辩》《惠施》《内经》选　宋　惠施（？——-310）
《浑天》释义
《太始天元册》选
《太始天元册》释义
《周易·系辞·说卦》选
《周易·系辞·说卦》释义
《孟子》选　邹　孟轲（-372——-289）
《孟子》释义
小结

对照两个文本，猜想潘先生原先有《先秦古籍选辑释义》的完整写作计划，因为学校的急切要求，于是选取一部分成为油印本，此后又补充《天下篇》和《论六家要旨》。第一个文本末署"一九八三年三月"，第二个文本没有标明时间，但目录页有（二）的字样。可见两者为姐妹篇，写作时间也应该相去不远。潘先生早年师从各位名家，于先秦典籍烂熟于心，此编是他在整体思想形成以后，所作的小小试笔。

今将油印稿一和补充部分列为甲编，油印稿二列为乙编。前者和后者各为完整的写作，彼此关联。从时代和重要性来看，前者更为骨干，便于初读。后者补充和深化，提供进一步研究。油印本和手稿有部分不一致，列入注释。《天下篇》释义和《庄子析文》（见《易与佛教、易与老庄》）内容相同，整理者犹豫再三，仍重复收入，以方便阅读，将来有可能列为存目。

此外，潘先生手稿中还有《公孙龙子释义》，和甲乙两编不在同一个写作计划中。此稿写于1960年，用毛笔在短期内写成。虽是不全的未定稿，但此文是从易学看待刑名学的尝试，其角度或有参考价值。因为属于先秦诸子，列为丙编。手稿中检得几篇涉及先秦的文字，则作为附录。其中，"《左传》与《周易》"，和《易学史发微》中的文章近似，细核有所不同，今保存以为参照。

黄德海先生和叶沙女士参与了整理工作，李弢先生核对了油印本信息，谨此致谢。

张文江

2017年11月9日

二观二玩斋易说

甲编：二观二玩斋易说

自 序

《系上》曰："君子居则观其象而玩其辞，动则观其变而玩其占"；是之谓二观二玩。合此观玩，即《易》有圣人之道四。絜静精微之易教，非此四道乎？

考孔子归鲁，当周敬王三十六年丁巳，年六十八。晚而好《易》，读之韦编三绝，然后著十翼，赞《周易》。于《系辞》之成，宜以从心之七十论，岁次己未；距今丙申，乃二千四百三十八年。噫！时既久矣，吾国之地域又广，况传受易学者，代不乏人。则读此《系辞》之君子，不知凡几；读而有感于观玩者，又不知凡几。有感而以之名斋者，或亦有先我者乎？且虽有亦何妨，盖二观二玩，于易道备矣。

夫斋中之藏书以《易》为主，其说以《易》为归。凡论说易道之文汇而聚之，名之曰"二观二玩斋易说"云。

岁次丙申孟冬下旬　二观二玩斋主自序

一、说易

易者，阴阳之生生也。无体而本乎元，无思无为而通于感。范围不过，曲成不遗。其唯无体，故准天地而与之相似。其唯有感，故感人心而天下和平。氤氲化醇，相与化生。广矣，大矣，三才之道备矣。

在天成象，见吉凶而圣人象之。在地成形，分上下以变通措之。天地设位而行乎中，变易之谓也。天下理得而位乎中，不易之谓也。盈天地之间者，万物而已矣。极天下之理者，易简而已矣。乾阳物，坤阴物，乾易知，坤简能，确然隤然，乾坤成列而易立乎中，易不可见而乾坤几乎息。是故乾坤犹易，易犹乾坤。乾用九而无首，坤用六以永贞，易之用存焉。

夫易有圣人之道四。辞也者，观爻象之吉凶也。变也者，辨六位之得失也。象也者，知器而成务也。占也者，成天下之亹亹也。盖卦有贵贱之位，辞有险易之异。初、三、五，大位也。二、四、上，小位也。以小位大，以大位小，鲜不及矣，故其辞险。以小位小，以大位大，得其所焉，故其辞易。辞也者，各指其所之。知险知阻，交易而退，不远屡迁，近而相得，此圣人之情也。易道之一。

至若不居而周流，六十四卦各有其时。或则相推，或则相摩，或则相易，不可为典要也。然殊途同归，百虑一致，唯变所适而贞乎一，天则见而既济定。继之成之之善性，由是而显，此圣人之仁也。易道之二。

崇德广业，开物成务，以冒天下之道。极深研几，彰往察来，而显微阐幽。兴神物，前民用，穷而变，变而通，鼓之舞之，尽利尽神，此圣人之意也。易道之三。

生蓍四营，十有八变而成卦，引而申之，触类长之。定吉凶，知来物，惧终始，要无咎，此圣人之断也。易道之四。

由是四者以通神，原始要终而为质，不疾不行，言妙万物，不测阴阳，复于太极，生生之易道似矣。

二、释元（附卦象）

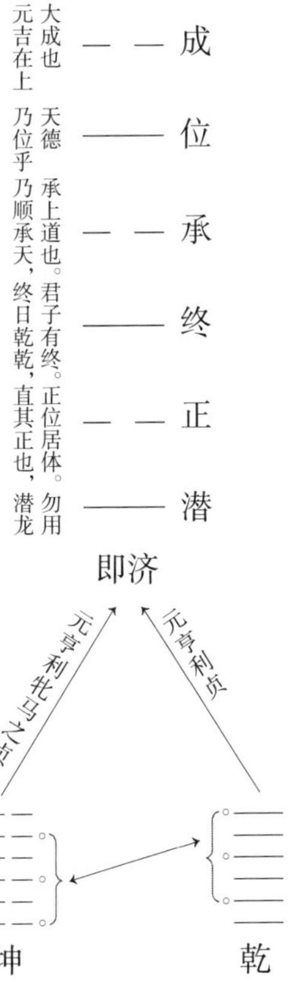

元者，仁也，人道之本也。君子体仁，是之谓元。元亨利贞，用九而乾成既济。元亨利牝马之贞，用六而坤丽乾元。乾元坤元，其实一也。初九乾元之潜，六二坤元之正，九三乾元之终，六四坤元之承，九五乾元之位，上六坤元之成。《象》曰："各正性命，保合太和。"其此之谓乎？

夫复初乾元，休复以下之，修身以得之，恶去而遇之，大作而用之。防患于未然，童牛之牿也。群聚而涣之，匪夷所思也。或跃在渊，乾道乃革。匪正之眚，可贞无咎。颠趾出否，刑覆餗之臣。死如弃如，焚不孝之子。舍随获之凶，得改命之吉。居仁由义以信志，丧马勿逐而自复。萃而光，革而当。孚盈缶，其悔亡。承虎变之大人，应来复之君子。恒其德而易其心，雷风应而木道行。初四之元，震巽之正也。

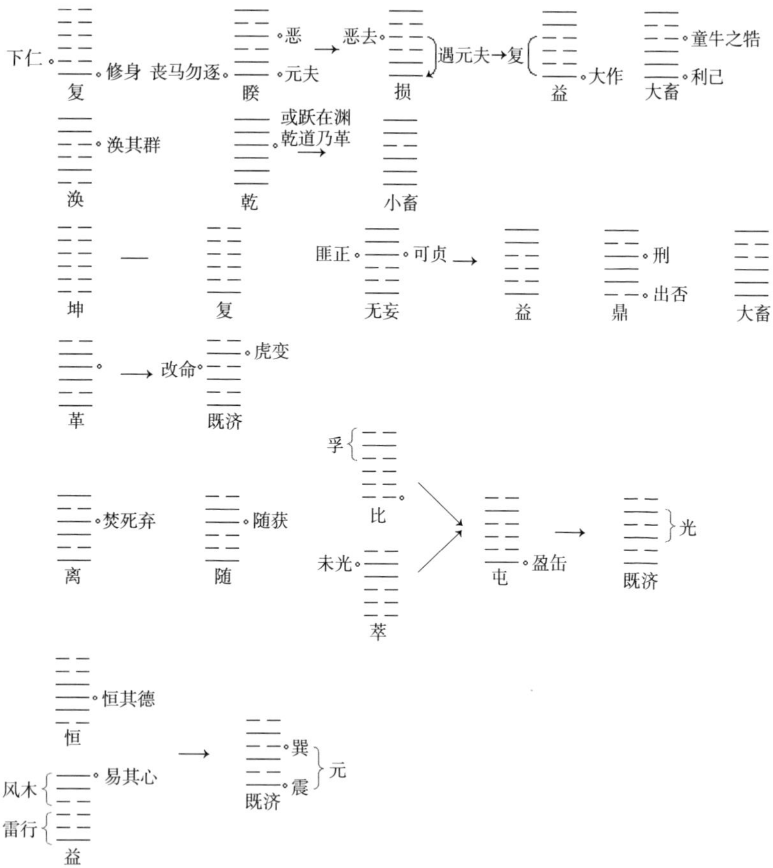

大有元亨，复子明辟。顺二五之位，通天下之志。幹父用誉，由蛊而渐。贞吉升阶，用见大人。黄裳而黄离，牝马而牝牛。直其正，方其义。不疑其行，帝乙归妹也。下益上右，十朋之龟也。金铉利贞，慎之而无攸遂。君子顺命，知临以宜大君。比之不失，自内之吉。行中以去，八月之凶。二簋用享，孚乃利用禴。大畏民志，听讼以无讼。有孚惠心，用享于帝。出涕沱若，以离王公。内外正而交相爱，水火济而受其福。二五之元，坎离之正也。

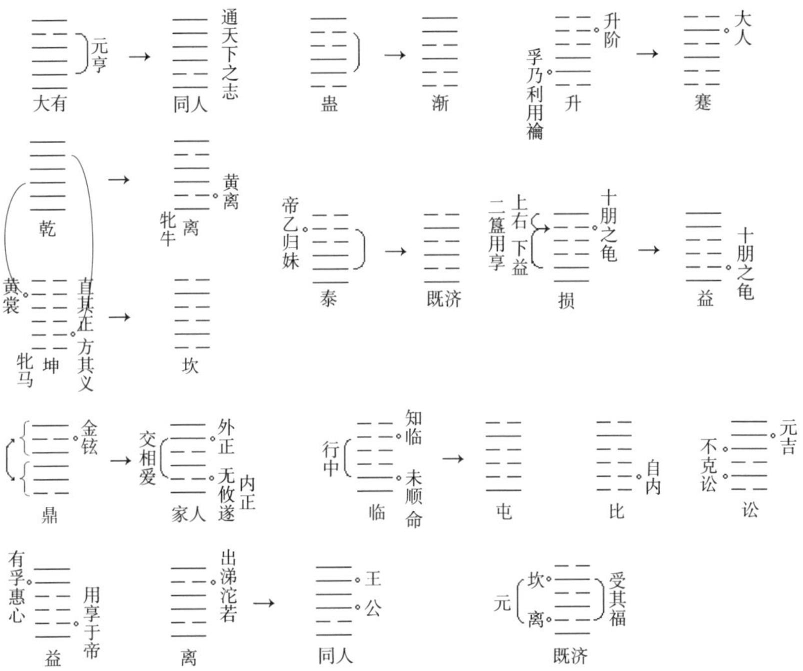

由复而临，由临而泰。泰者通而上下交，天地际而艰其贞。利居贞以求得，忧甘临而免咎。益成家人，避无妄之灾。旋而夬履，远咥人之凶。井收勿幕，考祥有庆。高尚其事，羽可用为仪。井渫而食，天下受其福。眇跛之小人，不可不去。劳谦之君子，不可不进。匪人伤，无首凶。王用汲，君子终。舍从禽之吝，益勿问之吉。刚柔节以玉铉，井洌食而大成。感而生生，致一也。虚而受人，和平也。三上之元，艮兑之正也。

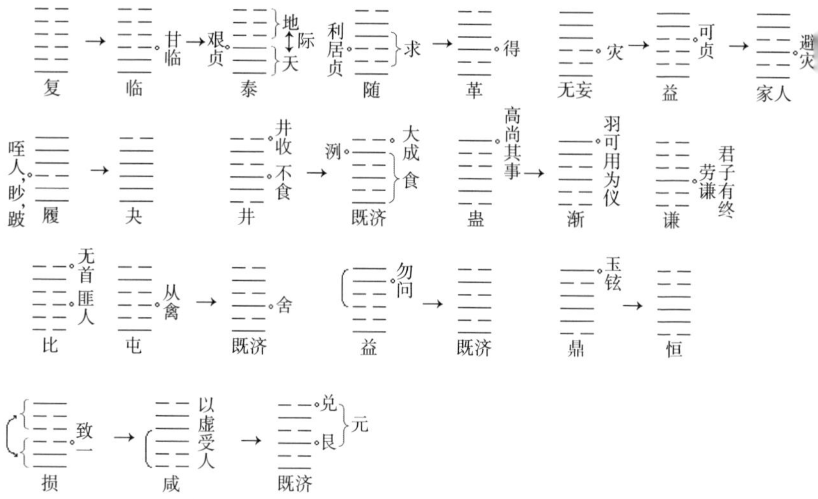

《彖》曰："六位时成，时乘六龙以御天。"夫六龙者，六爻之元也。以时而成，元化皆一。以元御天，其天不违。以元统天，天下乃宁。先王以之而建国，大人法之而立庙，君子从之而行健，小人由之而革面。元之为道，其可忽乎哉，其可忽乎哉。

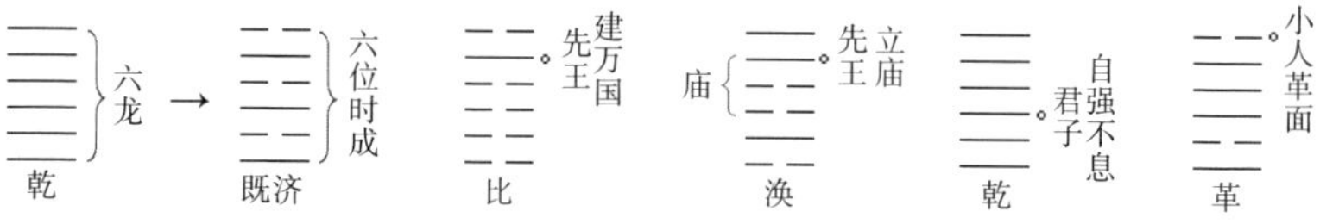

三、动静箴（有序）

易组乾坤，各有动静。乾之大生，以静专动直；坤直广生，以静翕动辟。天地广大，莫不以生道养人，乾坤之元也。元一而二，动静而四，著箴以明其象。

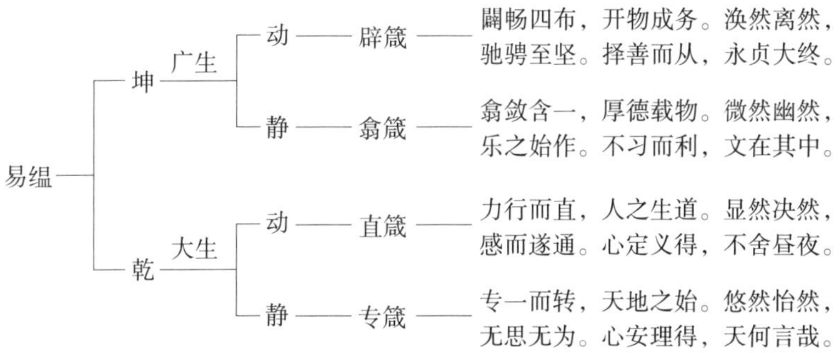

四、《周易》格物论（丁酉九月初三）

《大学》始教在格物，其详已备言于《周易》。《系下》曰："乾坤其易之门耶？乾，阳物也。坤，阴物也。阴阳合德而刚柔有体，以体天地之撰，以通神明之德。"此言格物之理。《同人·大象》曰："君子以类族辨物。"《系下》曰："开而当名辨物。"此言格物之法。《未济·大象》曰："君子以慎辨物居方。"此言格物之象。夫形象变化，以毫厘之差，有千里之失，可不慎而又慎乎？《序卦》曰："有过物者必济。"此言格物之成。又曰："物不可穷也。"此言穷物而物化，岂格物哉。《乾·彖》曰："首出庶物，万国咸宁。"此言首出以化物，格物之效奏矣。

《序卦》曰："有天地然后万物生焉。"乃万物资始乾天，资生坤地。乾坤发挥，六十四卦三百八十四爻以成，其万有一千五百二十策，当万物之数。宜物象丛生，粲然大备。《老子》曰："万物负阴而抱阳，冲气以为和。"《乾·彖》曰："保合太和，乃利贞。"利贞者，非既济之象乎？首出以遇物，合德而有体，一阴一阳之谓道也。

若错象未济，犹物化而穷。盖爻等曰物，物杂曰文。文不当而吉凶生。故格物云者，君子以究其理，明其法，慎辨阴阳物之得失。是是非非，类之族之。大大小小，开之通之。居其方，成其务。进德修业，化凶为吉。济天下之未济，定天下之未定也。

至于济之定之之道，宜辨六爻之位，六时之序。得时位之几，是曰时物。时物者，非六龙之神乎？群龙无首，意由象画，变化万千。知出卦方，观其会通，取其易简。跻九陵，离九畴，用纷若之消息，设坎险而心亨。格物之道，天下之动在焉。

《说卦》曰："立天之道，曰阴与阳。立地之道，曰柔与刚。立人之道，曰仁与义。"夫天道者，阴阳合德也。地道者，刚柔有体也。人道者，发仁义之心，以体天地之撰，以通神明之德也。备三才之道，正物以感人，此《周易》所以为补过之书，而格物为内圣外王之基也。

五、原情

《春秋左传》曰："民有好恶喜怒哀乐，生于六气。"（昭公二十五年）是六者即情也。《春秋纬·演孔图》曰："六情，喜怒哀乐好恶。"《白虎通》曰："喜怒哀乐爱恶，谓之六情。"夫《演孔图》六者，全同《左传》。《白虎通》六者，唯爱与好不同，盖爱犹好也。又六气者，《春秋左传》曰："六气，曰阴阳风雨晦明也。"（昭公元年）贾逵即以六情配六气，曰："好生于阳，恶生于阴，喜生于风，怒生于雨，哀生于晦，乐生于明。"孔疏以六气共生之，非一气生一志，乃以贾氏为谬。实则虽系六气共生，究有主次之分。若好之由六气共生，其主确由阳气。恶之由六气共生，其主确由阴气。故贾氏之言，未可谓非。共生之说，庶见六气六情之变也。《系辞上》曰："鼓之以雷霆，润之以风雨，日月运行，一寒一暑。"此以八卦言，其气有八。合诸六气，风雨同。晦明者，日月之运行也。阴阳者，寒暑也。故六气以卦象言，即乾阳寒，坤阴暑，离日明，坎月晦，以及巽风兑雨是也。卦象备而气未言者，震雷艮霆耳。

《系辞下》曰"吉凶以情迁"，下接"爱恶相攻而吉凶生"。故知爱恶乃情之本。子思曰："喜怒哀乐之未发，谓之中。发而皆中节，谓之和。”此喜怒哀乐四者之发，皆由爱恶，合即六情也。班氏之易好为爱，其据于此乎？

再者《礼运》有七情，其言曰：“何谓人情，喜怒哀惧爱恶欲，七者弗学而能。”孔疏以六情合言之曰：“此之喜怒及哀恶，与彼同也。此云欲，则彼云乐也。此云爱，则彼云好也。谓六情之外增一惧而为七。熊氏云，惧则怒中之小别，以见怒而怖惧耳。”夫此论甚是，故七情犹六情，六情则本爱恶而生。《春秋左传》曰：“哀有哭泣，乐有歌舞，喜有施舍，怒有战斗。喜生于好，怒生于恶。”又曰：“好物乐也，恶物哀也。”（昭公二十五年）

以《易·系》言，乾为爱，坤为恶，刚柔相摩而生卦。乾正爱爱，坤正恶恶，皆为情正生吉。若乾失其位，偏爱犹恶。坤失其位，爱恶亦恶。皆为情失生凶，是之谓“吉凶以情迁”。故由爱恶而生喜怒哀乐，有得失之辨。其情正，发而中节。其情偏，失中节而不和。至若惧为怒中小别者，盖未能怒以恶恶，是以惧。惧则近于哀，因知未能爱爱而喜，且近于乐者亦有一情，求诸经籍得一“忧”象，其情似焉。

夫《易》有忧患九卦，文王乃作《易》之情也。“圣人之情见乎辞”，“爻彖以情言”，其情维何？曰忧而已矣。凡“仁者不忧，智者不惑，勇者不惧”，盖能爱爱而喜则不忧，能恶恶而怒则不惧。能知爱爱恶恶，则情正而不惑。然守仁不易，化仁尤难，宜“君子有终身之忧”。又“乐以天下，忧以天下”，“象忧亦忧，象喜亦喜”，故知与喜乐皆生于爱而相称于惧者，其情为忧。综上所述，作表如下，人情之大别莫外焉。

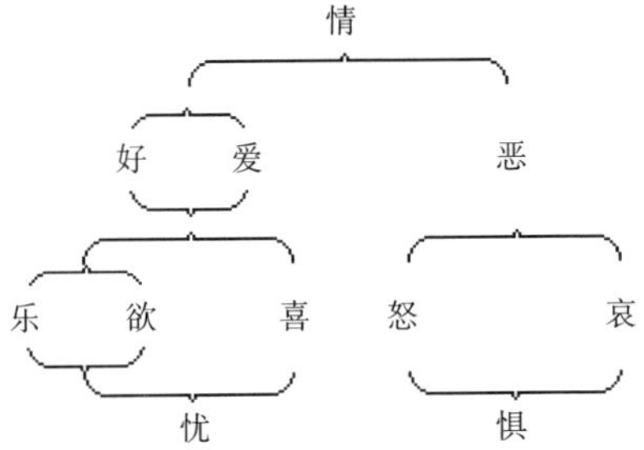

准此八情，可配八卦。六情以六气象之，本诸贾氏，即乾阳寒为爱为好，坤阴暑为恶，离日明为乐为欲，坎月晦为哀，巽风为喜，兑雨为怒。此外《震·象》曰“恐惧修省”，故震雷为惧。艮山为仁为君子，宜艮霆为忧。下以后天卦位示之，盖先天为性，后天为情也。

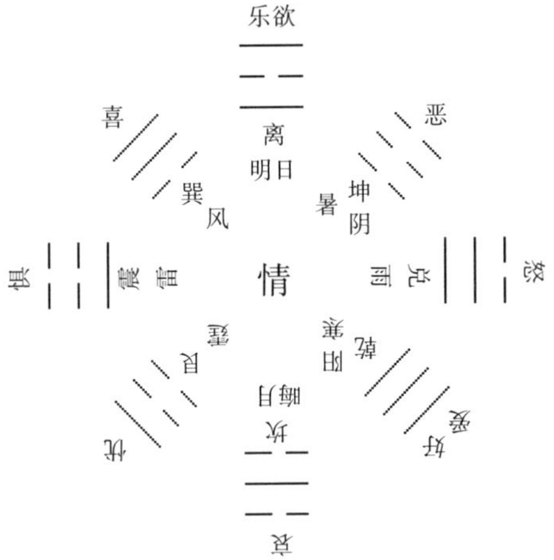

情与后天卦位图

按乾阳息而爱，坤阴消而恶，离日明而乐，坎月晦而哀，震雷外惧，艮霆内忧。若巽风喜者，天地相遇也。兑雨怒者，以刚决柔也。凡贾氏之说，以卦象言之，更能见其义焉。

《文言》曰：“利贞者，性情也。”又曰：“六爻发挥，旁通情也。”盖性无不善，由发挥旁通而生情，自然有失得之异。得则不惑，爱爱恶恶而喜怒哀乐皆中节，是以不忧不惧。情正而吉，情犹性，此后天复先天，济未济成既济也。若情失则惑，偏爱偏恶而不和，是以忧惧失宜，喜怒哀乐亦莫不失当。此仅知后天而未知先天，穷于未济而不知济之，凶能免乎？

至若情之失宜，凡偏爱曰溺，偏恶曰暴，喜过曰忘，怒过曰狂，哀过曰伤，乐过曰淫，忧过曰闷，惧过曰躁。《诗》曰：“其何能淑，载胥及溺”（《大雅·桑柔》），言偏爱之不淑也。《书》曰：“敢行暴虐”（《泰誓》），言偏恶而暴其民也。曾子曰：“父母爱之，喜而弗忘”（《礼记·祭义》），盖由爱生喜，喜过则忘也。《书》曰：“我其发出狂”（《微子》），谓纣之恶怒过，发其癫狂也。子曰：“乐而不淫，哀而不伤。”故乐过曰淫，哀过曰伤。《文言》曰：“遯世无闷，不见是而无闷。乐则行之，忧则违之。”忧而勿违，能无闷乎？《系下》曰：“躁人之辞多。”

情与六位得失图

《说卦》曰："震为决躁。"躁亦生于震惧之过乎？此八者，当推情合性，庶能同归于善。性情利贞，刚柔正而位当也。下取既济未济之卦象，示情之变化，六位当六子。乾坤者，寄位于二五，"乃若其情则可以为善也，乃所谓善也"，非此未济之正之既济之谓乎？

呜呼！人不可无情，贵于治之节之。不治不节而纵之，情之弊可胜言哉？或救其弊而绝之，不啻因噎废食。人而无情，冷酷寂灭，岂圣贤之道。凡三百十一篇无邪之思，当逐一味之体之，庶见卦情之非虚语云。因述《原情》以明之。

六、游黄山赋

癸巳秋游黄山，归而赋之

位皖省之东南兮，跨太平黟歙之垠。山脉来自仙霞兮，独傲然嶙峋而不群。阴阳灵气之所钟兮，巍峨秀拔而隔尘。维石岩岩以矗立兮，奇峰四起而争攒。纷外貌之耿介兮，羌内蕴之极观。由汤口以入山兮，履道坦而显层峦。潺潺水声，喈喈鸟鸣，渐进画境，体闲心清。汤岭关之险兀兮，风飙飙而气盈。虎头岩之维肖，步踧踧而暗惊。朱砂温泉，石色以更。鸣弦回湍，药白以成。静赏清流兮，聆幽冽之曲。瀑泻人字兮，奏旋宫之声。昼见岭上之奇卉，粲粲兮，蔓蔓兮，羡自然之多彩。夜送楼下之涛音，溅溅兮，淙淙兮，识逝者之无歇。晨阴登山兮，沉绵浓雾。日藏光淡兮，云生麓坞。遇雨行艰兮，涉水蹑蹑。放晴舒爽兮，玲嶂叠叠。远眺九龙之飞瀑兮，银澜合浮岚而氤氲。近临翡翠之碧池兮，崖壁映绿水而怡神。松石成像，身移而易。山峁呈景，岔转而匿。仁者之情，固因地而卜宅。骚客之心，实无计以寻迹。怪石天穿，生花梦笔。吟松地籁，吹万传寂。坐松下以流憩，探天下之至赜。遥望天目于云际，近指九华于西北。日冉冉而将没兮，步迟迟而秋月白。信宿狮子林之精舍兮，叹隐者之难觅。何释老之不见兮，空负名山之澄翕。游西海兮，临万丈之涧。上始信兮，渡千仞之桥。清凉台上，迎旭日之升。排云亭外，涌海浪之波。白云朵朵，辟阖而飘摇。巇崿嵾嵯，隐现而比峤。显造化之妙，鳌鱼坠石。惊人工之巧，云梯升陟。平天矼之空旷兮，仰天开襟以忘骸。莲花峰之盘旋兮，俯观莲子以寄怀。感蓬莱岛之杳兮，如临仙府之门。惜文殊院其毁兮，徒存迎宾之松。攀铁索而访天都兮，信此名之非虚。千余石级之崎岖兮，爬陡陉而次且。鲫鱼背之峻峭兮，心振荡而意愉。极目以周览兮，置吾身于太初。凌绝顶以逍遥兮，味无为之真如。八风细雨以洗心兮，孰思虑之不可祛。于是身归神留，其乐有余。髣髴之境，书以自娱。

七、论诚

大哉，诚之为德，兼成己成物言。亲亲仁民者，成己也。爱物者，成物也。其本在闲邪，邪者不诚，有以闲之，始能存诚。《文言》乾二曰“闲邪存其诚”，此之谓也。由二及三，日乾夕惕以存之。存而又存，是以能立。《文言》乾三曰：“修辞立其诚，所以居业也。”能知立诚为至而至之，是谓至诚。至诚无息，自强不息之谓也。君子不息，于己成焉。若居业以成物者，无妄也。妄亦不诚，不诚无物。《无妄·大象》曰：“天下雷行，物与无妄。先王以茂对时，育万物。”夫物之所与者，无妄者也。《诗》曰：“天生烝民，有物有则。民之秉夷，好是懿德。”先王法无妄之物则，以存诚立诚之懿德，庶能对时育物。至哉生生之心，大哉乾元之仁，由近及远，由己及物，以充其极则塞乎天地。《西铭》曰：“民吾同胞，物吾与也。”其业不亦大哉。至于《序卦》之次，以无妄继复，复则不妄也。复犹乾初，潜龙勿用。修身以成己，二三变之无妄，对时成物，非亲亲仁民之引伸乎？故成己未成物，大之犹可。成物而未成己，此无妄之所以为灾欤？

八、述时位之大义

时者，六十四卦之卦时。位者，六爻之爻位。时有得失之异，位有当不当之辨。得时者，以乾处乾，以坤处坤。失时者，以乾处坤，以坤处乾。当位者，以刚处刚，以柔处柔。不当位者，以刚处柔，以柔处刚也。

夫处乾有道，变其二四上、化其初三五而首之。处坤有道，变其初三五、化其二四上而承之。凡变化合时，犹正其位。处位适宜，自然知时。以乾象论，得时当位者，曰既济。失时不当位者，曰未济云。

若以时为主，六爻并观而一，无分上下之贵贱。以位为主，六十四卦辐辏而一，无分古今之先后。此时位之大义，卦爻之本旨。且爻一而卦起初终之殊，知时也。卦一而爻生本末之差，知位也。物有本末，事有终始，有不及物之事乎？有不及事之物乎？阴阳事物之变化，卦时爻位之相成，其可二乎哉。或得其源，是之谓易，是之谓太极也。

九、考消息、旋卦与互卦、德卦之卦象[①]

消息犹旋卦，与互卦、德卦，皆归于乾、坤、既济、未济四卦。消息者，乾、坤与既济、未济，各消息成三十二卦。前者曰往复消息，时也。后者曰平陂消息，位也。其所主，辟卦之纷卦也。互卦者，初互成十六，再互亦成乾、坤与既济、未济而及各三十二卦。凡互乾坤者，三四两画之阴阳相同。互既济、未济者，三、四两画之阴阳不同云。又旋卦者，六十四卦旋成十四卦。属于乾坤消息者七，“方以类聚”者也。属于既济、未济消息者七，“物以群分”者也。德卦者，有德乎乾阳坤阴既济得未济失者，各十六卦。故以阴阳与得失辨之，亦为平分六十四卦。详见《既成万物图》。

考此四种变化，卦数皆同，象则除消息与旋卦外，各有不同。今究其不同之象，有大义存焉。下以消息图示之。

---

① 原注：乙未七月十六日初稿

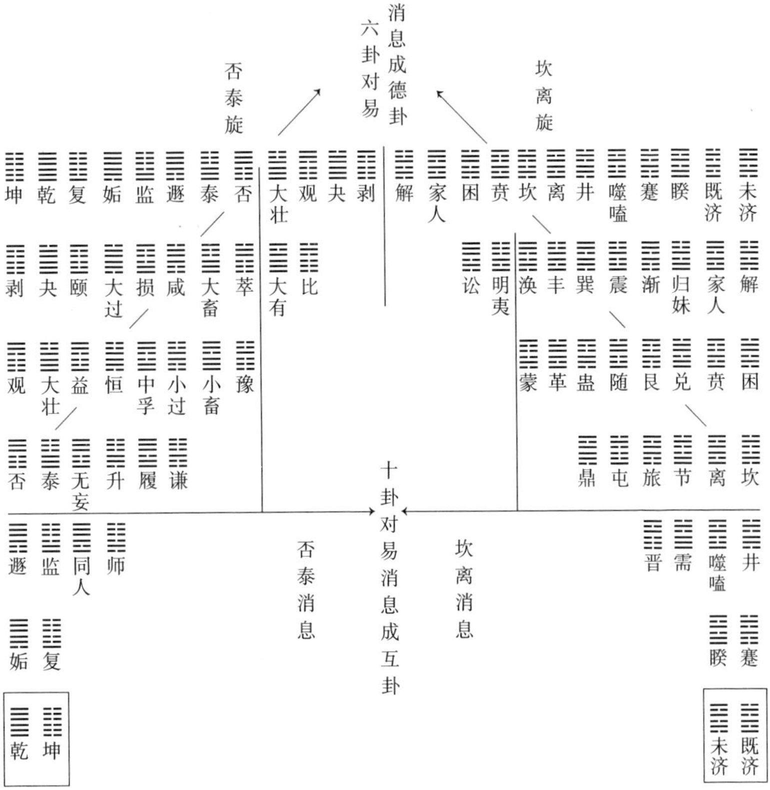

上图为六十四卦消息图之两端，以自然之消息，乾、坤与既济、未济各及三十二卦。或以乾坤消息中之否泰消息，即否、泰、无妄、升、履、谦、小畜、豫、大畜、萃十卦，与既济、未济消息中之坎离消息，即坎、离、节、旅、屯、鼎、革、蒙、丰、涣十卦相对易，则属于乾坤之三十二卦，为乾坤所互，属于既济未济之三十二卦，为既济未济所互。此乃消息与互卦之变通也。

又消息卦象同乎旋卦，若取乾坤消息中之否泰旋，与既济未济消息中之坎离旋相对易，即否、泰、咸、恒、损、益六卦，对易坎、离、震、巽、艮、兑六卦，则属于乾坤之三十二卦皆有德乎阴阳，属于既济未济之三十二卦皆有德乎失得者也。夫德卦者，阳德曰乾，所治者，一阴卦六，二阴卦九，以一阴二阴为主。阴德曰坤，所治者，一阳卦六，二阳卦九，以一阳二阳为主。失德曰未济，所治者，一爻得位卦六，二爻得位卦九，以得位爻为主。得德曰既济，所治者，一爻失位卦六，二爻失位卦九，以失位爻为主。若三阴三阳卦，因阴阳相等而未能有所主，故以失得观之。三得三失卦，因失得相等而未能有所主，又以阴阳观之，则阴阳失得各有其德，此所以名之曰德卦也。

夫否泰旋与否泰消息，皆为乾坤消息之中。坎离旋与坎离消息，又皆为坎离消息之中。唯其为中，则否泰旋于乾坤为三阴三阳，坎离旋于既济未济为三失三得。阴阳失得之多寡既同，何能辨其所主。乃易而以二失二得视否泰旋，以二阴二阳视坎离旋，德卦成矣。又乾坤三四画之阴阳相同，如消息及中则由同而异。异者，必当既济未济之互卦。既济未济三四画之阴阳不相同，如消息及中则由异而同。同者，必当乾坤之互卦。故否泰消息与坎离消息相对易，消息成互卦矣。

十、释利西南得朋，东北丧朋

《坤》卦辞曰："利西南得朋，东北丧朋。"《象》曰："西南得朋，乃与类行。东北丧朋，乃终有庆。"先师唐文治曰："西南得朋，乃与类行，《系辞传》曰方以类聚。朋者，同类也。"又曰："易例阳为庆，阴从阳，故终有庆。"曹元弼曰："此类字与牝马地类相承，《文言》未离其类亦同义，则当为阴类。西南得朋，坤之本位。行至阳位，承天时行，非迷而先阳也。东北丧朋，以阴从阳。始虽离类，乃终有庆。阴从阳，乃能化生万物成既济也。"

夫朋即类，得朋为类聚，丧朋为群分。以易象言，虞氏注"兑为朋"是也。卦当坤息复，坤本位西南，息阳为利。复而临，下卦兑为朋，《复》卦辞曰"朋来无咎"，得朋也。临二五之正成屯，上卦坤西南，行至屯，上参艮东北。临之二阳四阴，群分而无兑朋，象丧朋也。若临而泰，泰二亦以朋亡为义。朋亡犹丧朋，谓二五中行，泰成既济，亦以亡兑朋之象也。

再者乾上九，若不之坤三，知得而不知丧，亢焉。圣人不失其正，亨之坤三，可贞生谦。谦君子有终，下卦艮东北丧朋，上卦坤西南得朋。朋之得丧，因位而异，一归于正耳。舍从禽以从王事，合谦屯而定既济，六位时成，阴皆从阳，故乃终有庆。

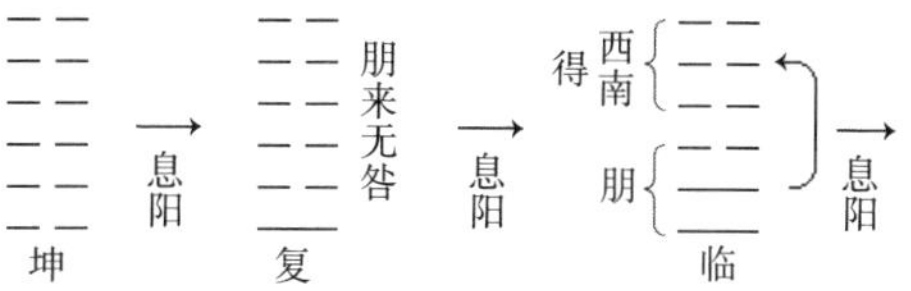

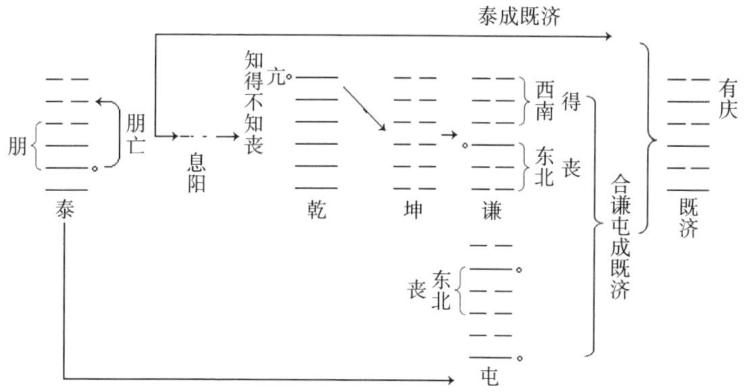

十一、聚录《神形篇》之总断（有序）

《神形篇》之总断，犹《周易》之大象，聚而录之，其义易显。观此五五二十五则，与处世之道，不无小补乎。

○○ 中下皆一易，君子以大音希声。

··○ 一下二中，凝于易玮。大人以修明进德。

△○ 下一中三，易而合砥，君子以中立不倚。

И○ 一下于四，易循而臕，君子以格物穷理。

+○ 一下于五，易本于定苊，君子以善事利器。

···· 二二而凝，后以亨天祀祖，兢兢业业。

△·· 二而三，凝而合素誧。君子以素位而行。

И·· 二下凝四，循而成箫。先王以作乐怡情，后以鼓舞美俗。

+·· 二先于五，凝而定焕。君子以博文约礼。

○·· 二下一中，易其凝究。君子以辨是非，明去就。

△△ 下中皆三，一二之合。君子以知天命，尽人情。

И△ 三而四，合而循齐。君子以同心同德。

+△ 三五合，定颉颃。君子以定上下，合盛衰。

○△ 三下一中，合而易亲。君子以亲亲仁民而爱物。

··△ 三而二，合而凝允。先王以允执厥中。

ИИ 四方生象，循。王以顺时终始。

+И 四而五，循而定翼。先王以翼于天地，君子以辅弼王事。

○И 四下于一，循而易誂詽。君子以慎言行，远小人，不可丧其和。

··И 四循二，凝靖毗。上以补过济民。

△И 四而三，循而合�。君子以多材多艺。

++ 五而五，参天两地定。君子以止于至善。

○+ 五下于一，定本于易驰。君子以含物化光。

··+ 五而二，由定而凝辟。先王以会归有极，大人以禁民为非。

△+ 五而三，下定中合邃昒。君子以翊昳千仞，遨游万方。

И+ 五先于四，定而循觉。先圣以道觉人。

十二、《周易浅释》自序

历代注释《周易》者亦夥焉，盖各言心得耳。或述天地之蕴奥，鬼神之盛德。或述自然之变化，阴阳之消长。或述世间之治乱，人事之兴衰。或述象数之微妙，文句之奇特。而或借酒浇愁，以吐胸中郁塞不平之气。不然夜半起舞，以见其独行之抱负也。此实见仁见知，未可轩轾。然皆有得于《周易》，故能畅所欲言，则可断言也。

余不自量，窃好《周易》而浅释之，于先圣前贤之说经，何敢望其万一。幸志道据德之心，依仁游艺之念，决无已时。浅释之者，乃依文注解，观象释理，以阐明《周易》之大道也。若夫曲解文字，误观卦象，或所不免。伏乞先进悟道之长者，不吝教诲，余有厚望焉。是为序。

岁次辛卯孟冬

附注：《周易浅释》一书，约十四万字。余初次释毕《周易》全书，自辛卯秋至壬辰夏，费时半年有余。于二篇十翼之义，略有所知者，基于此乎？然自今日观之，殊觉琐碎肤浅，他日不必保存，留此一序足矣。

壬寅自注

十四、取象分类考

卦爻辞中所取之象，变化多端，此圣人系辞之妙也。先儒因象而类辨之，得五家焉，下记其分类法。

甲、元吴澄《易纂言外翼》，凡分九类。

一、天。二、地。三、人。四、动物。五、植物。六、服物。七、食物。八、用物。九、采色、方位、时日、名数。

乙、元胡一桂《周易本义启蒙翼传》，凡分三十三类。

一、天文。二、地理（四方附）。三、岁月时日。四、人道。五、身体。六、古人。七、邑国（井附）。八、宫室。九、宗庙。十、神鬼。十一、祭祀。十二、田园。十三、谷果（桑附）。十四、酒食。十五、卜筮。十六、祐命。十七、告命。十八、爵禄。十九、车舆。二十、簪服。二十一、旌旗。二十二、讼狱（刑附）。二十三、兵师。二十四、田猎。二十五、金宝。二十六、币帛。二十七、器用。二十八、数目。二十九、五色。三十、禽兽。三十一、鳞介。三十二、草木。三十三、杂。

丙、清江慎修《河洛精蕴》，凡分十七类。

一、天文。二、岁时。三、地理。四、人道。五、人品。

六、人事。七、身体。八、饮食。九、衣服。十、宫室。十一、货财。十二、器用。十三、国典。十四、师田。十五、动物。十六、植物。十七、杂。

丁、清赵继序之《周易图书质疑》，凡分四类，每类另分细目。

一、天象（分四）：1、天体之象。2、天文之象。3、天施之象。四、天运之象。

二、地象（分五）：1、方地之象。2、山地之象。3、水地之象。四、地域之象。五、地居之象。

三、人象（分六）：1、古人之象。2、人伦之象。3、人品之象。4、人体之象。5、人伦之象。6、人情之象。

（按）原书第五目曰人伦之象，伦字重复有误。观此目中所集之象，伦字疑当为事字。

四、物象（分六）：1、动物之象。2、植物之象。3、食物之象。4、用物色之象。5、物数之象。6、物色之象。

（按）原书第四目曰用物色之象，色字疑衍。

戊、清万年淳《易拇》，凡分六类。

一、仰则观象于天。二、俯则观法于地。三、观鸟兽之文。四、与地之宜。五、近取诸身。六、远取诸物。

上述五家之分类法，以万氏最善，盖于经有据，于理有合。若吴氏者，略加变化即同六类。胡氏、江氏者，皆分及细目，赵氏之法可正其失。至于赵氏之物类，当分人物为四，今所谓无生物与生物不可不辨，生物中植物与动物又不可不辨。动物中，人自然宜辨于禽兽，故人物之间，当分为人与动物、植物、无生物。是即鸟兽之文，动物也。与地之宜，植物也。近取诸身，人也。远取诸物，无生物也。更合天地而六,二篇中所取之象，皆可属焉。若夫细目，另详《易象义例通释》。

十五、《神形篇》跋

余性喜《周易》，近年究及《太玄》《潜虚》等书，心亦好焉。盖易道阴阳，其象善变，何可执一耶。若扬子、温公，殊能深得乎易象。乃本其所处而畅所欲言，岂依样仿之而已哉。

自乙未年起，始述此《神形篇》，欲以明易象耳。四年间，时时审察乎天下事物之变，凡既有象，则思形以见之，凡既有形，则思象以通之。形象既合，乃类而分之，族而别之，文以载之，物以证之。其间有足乐者，自苦之讥，非知雄者也。若他日覆瓿，何与于余。

戊戌夏述毕而跋

十六、《神形篇》又跋

余于乙未春成《易象义例通释》，是书盖逐字分释《周易》经文，则整个易象，散成一切，若落英缤纷，美不胜收。是时也，形象之变化感也速，上下之变通合也和。乃即兴思之，宜有《神形篇》之说。困学卦爻，固有《六龙图》之获。迨准乎《六龙》而成《周易终始》，凡一切易象复归于一，则虽欲更言神形不可得焉。呜呼，易之象，思之神，文之杂，形之变，不亦妙哉。

庚子又跋

十七、《周易终始》自序

治学之本，贵能承前以启后，治《周易》亦然。若惟欲启后而不知承前者，其言也狂而肆。原其启后之志，不可谓非，奈狂肆之言而能启后者，未之有也。反之，惟欲承前而不知启后者，其言也固而拘。原其承前之志，亦不可谓非，奈固拘之言而能承前者，亦未之有也。夫承前与启后，实二而一者也。善于承前者必能及时以启后，善于启后者必能鉴古以承前。前后相继，何可划而为二耶。《说卦》曰：“艮，东北之卦也，万物之所成终而成始也。”于象艮硕果而震反生，终则有始，天行以復其见天地之心也。此贞下起元，消息之大义，承启之微言，故书以《周易终始》名。

郑康成曰：“庖犧十言之教，乾坤震巽坎离艮兑消息。”盖八卦者，类万物之情者也。消息者，通神明之德者也。物有阴阳而乾坤生，阴阳互根而消息起。凡阳变阴，由乾而巽、艮为消。阴化阳，由坤而震、兑为息。阴阳生生，用在坎、离以周流六虚，十言之教具矣。因而重之，立十卦以挥，十言之教备矣。六画之八卦，乾、坤、临、遯、小过、中孚、观、大壮之大八卦当之；六画之消息，否泰之反类当之；此方以类聚也。

由立卦而挥生六十四卦，是谓卦变，此物以群分也。凡此别卦，足以象拟万物之赜，会通万物之理。以消息议之，当三十二错卦之互变。合而图之，乃成乾坤之消息与既济未济之消息。前者时也，后者位也，此六十四卦之消息时位之生生极焉。

《说卦》曰："立天之道曰阴与阳，立地之道曰柔与刚，立人之道曰仁与义。"其象犹既济卦之刚柔正而位当。《系》曰："六爻之动，三极之道也。"谓卦之六爻，用九六而动，动而致一于既济，庶合三极之道，则阴阳刚柔仁义莫不当。是故三百八十四爻之中，当位之一百九十二爻，宜动而不易。失位之一百九十二爻，宜动而变易。如是而动贞夫一，易简也。郑康成本《乾凿度》而曰："易一名而函三义，易简一也，变易二也，不易三也。"合三义而一之，定六位而成章，乾坤之用尽焉。

夫本卦变以求其初，原其始也，于四德当元。本爻变而明其归，要其终也，于四德当贞。故原始者，乾元坤元之生于太极，始亨也。要终者，阴阳各正性命而保合太和，利贞也。要终而反终，乃贞下起元，太和之復反于太极也。此天下之理，由易象以示之，观象系辞所以尽意尽言。设卦而物无遯形，玩辞而情无不善。辨始凝之积，震无咎以补过，其《周易》之精义乎？

戊戌年立冬节自序于二观二玩斋

十八、《周易终始》附识

忆《周易终始》之成，自起笔至完稿，未足半年，其时不可谓长。然准备酝酿六年有余，则不可谓短。缘自丁亥读《周易本义》而好之，迨己丑春，始志于学易。翌年成《读易劄记》，略述二篇《彖》《象》之大义，未及《系辞》以下。是书之取象法，于卦仅知上下两体，于爻唯用一爻变，于观玩之易道，絜静精微之易教，尚一知半解。断章取义，望文生解，实不足为训。壬辰夏成《周易浅释》，二篇十翼全焉。且已读《周易集解》，于卦爻变等亦心知其理。惜知之未审，观之未详。若卦爻之变通，象辞之呼应，易道无体之体，九六有用之文，皆未明其妙。乃自壬辰起，专习《周易集解》，迄戊戌而成《周易终始》，时逾六年。凡六年中，于癸巳著易图百余幅，成《演易图》。其后逐年有所增加。于甲午成《周易虞氏易象释》，盖专明虞氏易。于乙未成《易象义例通释》，乃逐字明象，以贯穿全易。于丙申，又成《易象义例注释》，以合成《周易取象》，则于卦象略告段落。惜于爻变之正之法，仍未满足。计自丙申冬至戊戌夏之一年半，盖苦思力索之时，忧患之心，困学之情，其至矣夫。易图之随作随废，其数数百，观象之或此或彼，瞬息反复。终至悟六龙之变，不亦幸哉。则此《六龙图》，凝结始通，郁塞自变，乃信笔而成此《周易终始》。今观此书，虽多不足之处，然大纲要领，尚觉未误。经一阖一辟之变，庶合一阴一阳之道，似非泛泛之言。他年学有所进，于注解经文，愿充实而辉光之，已不愿另著他书矣。壬寅春附识。

十九、先后天卦变歌

先天八卦错，雷风究三索。
坤藏天地交，父母震兑续。
经纬定其位，后天流行速。
识此变化情，体用萃一握。

《说卦》于“天地定位”一节，述先天之序，于末节取象唯震巽曰“究”。盖先天而究变其位，即三索之次。或交天地，当“坤以藏之”之次，乃以震长子代父，兑少女代母。又旋转经纬之位，后天之流行成矣。夫无妄而大壮，免丧牛之灾。临而萃，化八月之凶，非一握之笑乎？虽然，退遂不能，齐资涕泣，则凶灾又至，势将成后天之后天焉。呜呼伤哉，能有识此变化，以得无号之笑者乎？

二十、记《周易》二篇之字数

《周易》上下篇，或谓文王卦辞，周公爻辞，或谓卦爻辞皆文王作。以理推之，系卦辞时，当及爻辞。盖卦象七八，爻用九六，岂可分而为二。故作者宜以文王为主，若编定全文周公当与其事。至于字数，历代所传，略有出入。今准《周易折中》，唯履卦卦辞“亨”字下，从荀爽本当有“利贞”二字，共计为四千九百三十六字。如以六十四卦之每卦卦象亦作一字论，则恰为五千字。夫不必推究编定时是否如此，今则正可以此数为定，庶免妄加增删之弊。详见下表。

《周易》二篇字数表

上篇	卦象	卦辞	爻辞	共计
乾	1	5	62	68
坤	1	30	60	91
屯	1	13	87	101
蒙	1	23	62	86
需	1	11	61	73
讼	1	18	71	90
师	1	7	69	77

比	1	16	61	78
小畜	1	11	62	74
履	1	9	62	72
泰	1	7	87	95
否	1	13	58	72
同人	1	13	61	75
大有	1	4	60	65
谦	1	6	58	65
豫	1	6	51	58
随	1	7	71	79
蛊	1	15	62	78
临	1	11	48	60
观	1	9	54	64
噬嗑	1	6	58	65
贲	1	7	56	64
剥	1	6	56	63
復	1	22	61	84
无妄	1	16	63	80
大畜	1	12	49	62
颐	1	9	72	82
大过	1	9	61	71
坎	1	10	72	83
离	1	8	71	80
共计	30	339	1886	2255

下篇	卦象	卦辞	爻辞	共计
咸	1	7	51	59
恒	1	10	47	58
遯	1	5	57	63
大壮	1	4	74	79

晋	1	12	71	84
明夷	1	5	89	95
家人	1	5	55	61
睽	1	4	92	97
蹇	1	14	45	60
解	1	16	63	80
损	1	21	80	102
益	1	9	90	100
夬	1	20	76	97
姤	1	7	68	76
萃	1	21	74	96
升	1	12	47	60
困	1	12	95	108
井	1	24	61	86
革	1	11	65	77
鼎	1	4	78	83
震	1	18	78	97
艮	1	16	56	73
渐	1	6	83	90
归妹	1	7	77	85
丰	1	10	88	99
旅	1	6	76	83
巽	1	11	70	82
兑	1	4	38	43
涣	1	12	58	71
节	1	7	46	54
中孚	1	11	66	78
小过	1	24	81	106
既济	1	10	68	79
未济	1	13	70	84
共计	34	378	2333	2745

综上二表，凡卦象六十四，卦辞七百十七字，爻辞四千二百十九字，合之正为五千字。世传老子《道德经》五千言，盖约数也。不期《周易》二篇，实当此数，非一佳话欤？

二十一、论帝乙高宗与箕子

文王系二篇著人名有三，曰帝乙、高宗、箕子。据《乾凿度》，帝乙为汤，即天乙履，革命成，交天地。于泰五曰：“帝乙归妹。”归妹者，顺阴阳之正，不以天子之妹而骄人，免先迷之失，此所以能开国创业。卦象泰中互归妹，于归妹五又曰：“帝乙归妹。”谓三四人道交，成坎离水火，先天而后天也。归妹中互既济，既济九三曰：“高宗伐鬼方。”高宗者，殷中兴之主。鬼方坤象，伐之而济，后得主也。承帝乙之业而不坠，非克肖者能之乎？既济综未济，既济之三当未济之四，其爻辞曰：“震用伐鬼方。”震者，高宗所取法，济未济而济，去先迷而復，復成汤之盛，是曰中兴。惜消息无常，若继之乏人，国有不衰乎？迨文王时，为上者纣也，下有有德者曰箕子。奈纣之不用，宜系箕子于明夷六五。盖明夷五正，卦成既济，犹高宗之中兴。今竟不用，不啻离明入地而失则，纣尚能不亡乎？呜呼，即此三人，商代之始兴、中兴、衰亡具焉，是之谓殷鉴也。

二十二、《衍变通论》自序

《周易》与《周礼》为太卜所掌。秦之焚书，《易》属卜筮而幸免。况二篇之辞，蒙曰“初筮”，比曰“原筮”，革五又曰“未占有孚”。《系辞》且以卜筮尚占为四道之一。然则谓《周易》无与于筮占，可乎？乃后世所传之种种迷信，莫不借重于易。观易道流传之广，或有赖于迷信。奈易道真义之晦，非囿于迷信乎？《周易》固为迷信之书乎哉。

或以《周易》为迷信者，端在生蓍。盖以大衍之数，经四营十有八变而得卦象，然后观象玩辞。凡辞中之物象，所断之吉凶，皆由筮而得。考筮法之信乎中分，可阴可阳，此随意触几，迷信之源也。今详述筮法之变化，综而观之，其几有天则存焉。信手者，固信手乎？缘宇宙间之变化，随时随处，莫不在中分。不同之几，庶应不同之事物。生蓍以示其变化，观象而究其发挥。一叶知秋，一脔知味，岂迷信哉。若执其一辞，忽全《易》变化之理，信琐碎之吉凶，必言行之动静，不可谓不迷信。然决非《周易》尚占之道，君子详之。

夫讳言《易》为筮占之书者，未足与语《易》。知其为筮占之书而迷之者，尤不足与语《易》。是书者，明筮占之精义，先迷后得主，以復易道之元。弃不经之说，存三才之真，何往而不利哉。不然，《易》因卜筮而存，今将因卜筮而亡。忍见先圣之大道，废于一旦乎？

全书为文十篇，非一时所成，合而读之，筮占之理，什九在焉，统名曰《衍变通论》云。

岁次丙午二观二玩斋主自序

二十三、《易则》自序

河图洛书者，数也。先天后天者，象也。数象各有体用之辨，象数自然有相合之几。乃有象有数，有体有用。以先天配河图者，象数之体。以后天配洛书者，象数之用也。然既有同其体用而相合，复有异其体用而相吸。盖河图未尝不可当后天，洛书亦未尝不可当先天。所妙者，图书自有互变之法，以示朋之得丧。先后天更呈生生之化，三索之次在其中矣。宜象数之变化万端，其可执一乎哉。

若图之十数，有万物不废之本。书之九畴，亦有周行不殆之变。以卦而言，非八八六十四卦之象乎？然《易》准河图，准洛书者《洪范》也。夫十而八，其用在九。故先天六十四卦方阵，赖一画开天而九，又可变为后天六十四卦。信然八卦九畴之相为表里，《易》与《洪范》二而一，一而二者也。《系上》曰："河出图，洛出书，圣人则之。"玩《易》者，于象数之天则，宜慎思而明辨焉。

岁次丙午二观二玩斋主自序

二十四、《论天地数》前言

天地十数，各有其象。以数观象，以象明理。理有数，数本象，其呼应配合，有不待言喻之妙。凡太极阴阳，三才五行，爻象蓍卦，干支图书，意在其中。更以平方数观之，尤可见变化之道。开万物以成务，冒天下以太极，原始要终，鸢飞鱼跃，有逾于此者乎？

岁次己亥二观二玩斋主自识

二十五、总论天地数

《系上》曰：“天一，地二，天三，地四，天五，地六，天七，地八，天九，地十。子曰：夫易何为者也？夫易开物成务，冒天下之道，如斯而已者也。”曰如斯者，指天地十数。凡此十数，变化万千，易象在其中矣。《系上》曰：“易有太极，是生两仪。两仪生四象，四象生八卦。”夫太极者，数当天一，两仪当地二，四象当地四，八卦当地八。若八卦三，盖当天三。三者，三才也。重成六十四卦，卦当地八之平方。爻画六，又当地六。六者，兼三才而两之，辨地支以阴阳也。观六之平方三十六，为综卦数，《序卦》准之。四之平方十六，为互卦数，《杂卦》准之。二之平方四，数与地四同。然地四之四象，当太阴太阳少阴少阳。以地二之平方论，乃上应乎十六互卦，又为乾坤既济未济之象。若卦象生于蓍，蓍数七，七之平方四十九，大衍之用数也。五者，五行也。五五二十五，以备生克之理。至于天九地十，图书之谓也。十图当天乾，五行之生成数，其方百，《系下》曰“其道甚大，百物不废”是其义。开此百物，图书以成。图数五十五为体，书数四十五为用。体以开物，用以成务。洛书九畴之务，犹太极八卦。太极者，冒天下之道者也。

综上所述，列表示之：

天地数	天地之象	天地平方数	天地平方数之象
1	太极	1	冒天下之道
2	两仪	4	四象互卦之本
3	三才	9	洛书九畴参伍以变
4	四象	16	互卦
5	五行	25	五行生克
6	六爻阴阳地支	36	综卦
7	蓍	49	大衍用数
8	八卦	64	六十四卦
9	洪范九畴洛书	81	九畴周行九九数
10	河图天乾	100	百物开物成务

二十六、《贞悔之变》自序

内卦曰贞，外卦曰悔。以先天方图观之，贞悔数皆当乾一至坤八。贞数同者当横列，如乾、夬、大有、大壮等卦，内卦贞数同为乾一。悔数同者当纵行，如萃、咸、困、大过等卦，外卦悔数同为兑二。故以贞悔二数，可示六十四卦中之任何一卦。如曰六五，谓贞数六其象坎，悔数五其象巽，坎下巽上涣卦也。又如四四，谓贞悔数同为震象，即震卦也。他可类推。《洪范》稽疑中所谓贞悔，此义似之。

夫贞悔数之变，即卦爻象之变。准先天方图以示之，天下之动，有会通之理焉。象数归一，执简御繁，非易道之几乎？

岁次丁酉仲冬二观二玩斋主自序

二十七、《易解选》跋

己丑夏，初读李鼎祚《周易集解》，尚一无所知。于汉易取象，未喻其理。存诸心者数年，始渐悟取象之妙。王弼扫象，可谓知《易》乎？惜观玩之道，非经反身，于三才事物之变，何能归诸易象，宜扫象之盛于取象也。

此《易解》者，逐卦解其义，以象为本。起笔于癸巳冬，余初通汉易之时也。其后数年，另成他书，于此《易解》时作时辍，约成三十余卦。戊戌夏，既另述《周易终始》，此书即搁笔矣。今则大半散失，仅得六卦及《文言》，特名之曰《易解选》，跋而存之，以见历年读《易》之迹耳。

岁次丙午冬二观二玩斋主跋

二十八、试述《大学》之易象

小学重形，大学贵象。大学之道，宜与易象合参之。三纲八目，理通六十四卦之象。更以主旨观之，各有恰当之卦。

于三纲，一曰在明明德者，其卦曰离。离明以明之，继明以照之，是谓明明德。向明而治，盖取诸此。庖犧氏取之为网罟，有明德焉。二曰在亲民。亲犹新，新犹亲，唯亲之始能新之，唯新之始能亲之。或亲之而不新之，难免有姑息之弊。或新之而不亲之，又有失性之患。亲与新，古通为一，后儒二之，道术乃裂。以卦象参之，同人接比。同人于野，亲之至也。三驱而邑人不戒，新之亦未尝不亲之。离上亲天，坎下亲地，其炎其流，能不日新乎？三曰在止于至善。止为艮，止于至善者，山泽通气而虚受人也。圣人感人心而天下和平，善其至矣乎？又知止而后有定者，既济也。《杂卦》曰："既济，定也。"定而后能静者，小畜也。小畜牵復，或跃在渊，静有愈于不拔者乎？静而后能安者，大畜也。安其时，安之极则也。安而后能虑者，临也。临以虑八月之凶也。虑而后能得者，泰也。泰者，通也，若本末终始，初九初六，上九上六之位也。

于八目，一曰格物者，睽也。小事之吉，睽孤以遇元夫也。二曰致知者，復也。復其见天地之心也。三曰诚意者，无妄也。復则不妄也。四曰正心者，习坎以孚心亨也。五曰修身者，艮也。不获其身，不见其人，吾丧我而身修矣。六曰齐家者，家人也。父父子子，兄兄弟弟，夫夫妇妇而家道正矣。七曰治国者，坤也，德合无疆之谓也。八曰平天下者，乾也，乃见天则之谓也。尧舜垂衣裳而天下治，盖取诸乾坤，非此象乎？壹以修身为本，艮成终成始之谓也。

乙编：二观二玩斋易说（续）

《周易格物图》自序

《大学》始教在格物，其辞已备言于《周易》。《系下》曰："乾坤其易之门邪？""乾阳物也，坤阴物也，阴阳合德而刚柔有体。以体天地之撰，以通神明之德。"此言格物之理。同人《大象》曰"君子以类族辩物"，《系》曰"开而当名辩物"，此言格物之法。未济《大象》曰"君子以慎辩物居方"，此言格物之象。《序卦》曰"有过物者必济"，此言格物之成。又曰"物不可穷也"，此言穷物而物化则不可，殊非格物。乾《彖》曰"首出庶物，万国咸宁"，此言首出以化物，格物之效奏矣。

《序卦》曰："有天地然后万物生焉。"乃万物资始乾天，资生坤地。乾坤六爻发挥，而六十四卦三百八十四爻以成万有一千五百二十之策数，可当其数而万物之象备。乾《彖》曰："保合太和，乃利贞。"利贞者，既济之象。首出以过物，合德而有体，《老子》曰"万物负阴而抱阳，冲气以为和"是也。若错象未济，则物化而穷。盖爻等而物，物杂而文，文不当而吉凶生。故格物云者，君子以究其理，明其法，慎辩阴阳物之失而使之各居其方，所以化凶为吉，于象即变易未济成既济耳。

至于变易之道，宜辩其六爻上下之位，与夫六时先后之序。《系》曰："六爻相杂，唯其时物也。"以时位相合，变化凡三十有六。意由象尽，故画象以明之，格物之理、天下之动在焉。或执一时一位而不知所变，则道术将为天下裂，殊途百虑之争不已，可不大哀乎？若能观其会通，舍迂曲取易简，于道几矣。

《说卦》曰："立天之道曰阴与阳，立地之道曰柔与刚，立人之道曰仁与义。"夫天道者，阴阳合德也。地道者，刚柔有体也。人道者，以仁义体天地之撰，通神明之德也。备三才之道以感人心而天下和平，此《周易格物图》之所以作也。

《周易格物图》中，计有图表凡七十有七，所以类族以阴阳物之得失及其变易之繁简，而使之定于一也，详见《释变易》一文。此数十图表渐积四五年而成，若主要之《六龙易简图》乃成于丁酉年闰八月二十日。

丁酉年九月初三自序于二观二玩斋

释变易

易道易简，乃正位不易，失位变易，此易之三义。故位为圣人之大宝。今以变易论，有三类，一以本爻为主，一以本卦为主，一以错卦为主。

凡以本爻为主，即本爻失位则变易，其与本卦、应比及错卦、旁通皆不顾，此之谓爻变。见《六十四卦本爻正位表》。凡以本卦为主，即本卦之阴阳二失位爻之正。乃顾本卦应比而不顾错卦旁通，见《六十四卦本卦阴阳爻正位表》。凡以错卦为主，即本卦与错卦之阴阳二失位爻之正，乃顾错卦旁通而不顾本卦应比，见《六十四卦错卦阴阳爻正位表》。所谓变易者，必合此三类。

盖本爻变易而不顾本卦应比或错卦旁通，则分阴阳为二。如本爻为阳爻失位而变为阴，即阴爻多于阳爻。反之，本爻为阴爻失位而变为阳，即阳爻多于阴爻。故阴阳将失均而不和，极可能使阴阳之比数，由一比一成三比一，即同为一百九十二爻而成二百八十八爻比九十六爻，则不和甚焉。此爻变之失。若顾本卦应比而不顾错卦旁通，如乾坤等卦，即不能变易成既济。此以本卦为主之失。若顾错卦旁通而不顾本卦应比，如未济等卦，即不能变易成既济。此以错卦为主之失。故变易之道，须合此三者。

乃本爻变正时，因宜而及本卦应比或错卦旁通。即每次变易，必阴阳二失位爻同时之正，则既免爻变之失，六十四卦亦莫不可成既济。明乎此，方可言变易之法焉。若三类各因宜而用之，仍未可废。唯未能免疵，故变易之正，理应合此三者。

凡二错卦皆有六爻失位，须经三次变易而成既济，故六十四卦共计变易九十六次。然于本卦有应比之异，于错卦有旁通之别，故九十六次变易，其法有六。即上初四五二三变易，名之曰保爻，见“六十四卦保爻正位表”，及“九十六次保爻之正图”。四三二初上五变易，名之曰合爻，见“六十四卦合爻正位表”，及“九十六次合爻之正图”。二五上三四初变易，名之曰和爻，见“六十四卦和爻正位表”，及“九十六次和爻之正图”。上三四五二初变易，名之曰接爻，见“六十四卦接爻正位表”，及“九十六次接爻之正图”。四初二三上五变易，名之曰驱爻，见“六十四卦驱爻正位表”，及“九十六次驱爻之正图”。二五上初四三变易，名之曰就爻，见“六十四卦就爻正位表”，及“九十六次就爻之正图”。

以上六种正位法中，保爻、合爻乃本卦比爻，或错卦旁爻之正。和爻乃本卦应爻，或错卦通爻之正。皆为取比旁则不取应通，取应通则不取比旁，故自然合为一类。接爻、驱爻、就爻三种，皆为于本卦则兼用一应二比，于错卦则兼用二旁一通，故亦自然合为一类。凡六位变易之道皆在此二类。六法之中，此二类六法可合诸六龙，乃保爻为惕龙，合爻为潜龙，和爻为飞龙。此类应通与比旁纯而不兼，宜合三阳位之龙。接爻为跃龙，驱爻为亢龙，就爻为见龙。此类应比旁通兼用，宜合三阴位之龙。见六龙图，即六十四卦保爻正位层次图甲类、六十四卦保爻正位层次图乙类、六十四卦合爻正位层次图甲类、六十四卦合爻正位层次图乙类、六十四卦和爻正位层次图甲类、六十四卦和爻正位层次图乙类、六十四卦接爻正位层次图甲类、六十四卦接爻正位层次图乙类、六十四卦驱爻正位层次图甲类、六十四卦驱爻正位层次图乙类、六十四卦就爻正位层次图甲类、六十四卦就爻正位层次图乙类。今本此十二层次图，可见三次之正之情状。

凡以第一次之正言，总观诸图，不外九种不同。即二初、四初、上初、二三、二五、四三、上三、四五、上五是也。当之正后，皆存十六卦。又以二次之正言，亦不外九种不同，即初二三四、初二三上、初二四五、初二五上、初四五上、二三四五、二三五上、三四五上是也。当之正后，皆存四卦。若第三次之正后，则三十六种正位法，皆同归于既济。盖之正一次者，六十四卦中某二爻皆同，故变化唯四爻，则所存之卦犹互卦十六。于二次之正而六爻中之四爻皆定，则变化唯二爻，而所存之卦犹四象之四卦。最后三次之正而六爻皆定，是即既济一卦。故数六十四而十六而四而一，即八之方而四之方而二之方而一之方是也。若当既济论已致一而论，三十六种变化殊无分别。然当一次或二次变化后视之，则各有九种不同。若合一次后所存九种不同之十六卦，则为四十九卦，数当七之方。合二次后所存九种不同之四卦，则为十六卦，数当四之方。故由四十九卦以视第一次之正，由十六卦以视第二次之正，亦可囊括无遗。故三十六正位之之正，时位之异耳，于德一也。凡此所存之卦，可以先天方图示之，见《之正卦位图》。

再者二错卦之三次变易，尚有先后之次序。此于位外更以时言，则六位各分为六，是为六时。六时中亦合成二类，即三次正位次序循环者可合一。此二类以甲乙别之，见《六龙变化图》。由是《九十六次保爻之正图》分成上初四五二三、四五二三上初、二三上初四五，三图见《六十四卦保爻正位图》甲类；及上初二三四五、二三四五上初、四五上初二三，三图见《六十四卦保爻正位图》乙类。《九十六次合爻之正图》分成四三二初上五、二初上五四三、上五四三二初，三图见《六十四卦合爻正位图》甲类；及四三上五二初、上五二初四三、二初四三上五，三图见《六十四卦合爻正位图》乙类。《九十六次和爻之正图》分成二五上三四初、上三四初二五、四初二五上三，三图见六十四卦和爻正位图甲类。及二五四初上三、四初上三二五、上三二五四初，三图见《六十四卦和爻正位图》乙类。《九十六次接爻之正图》分成上三四五二初、四五二初上三、二初上三四五，三图见《六十四卦接爻正位图》甲类；及上三二初四五、二初四五上三、四五上三二初，三图见《六十四卦接爻正位图》乙类。《九十六次驱爻之正图》分成四初二三上五、二三上五四初、上五四初二三，三图见《六十四卦驱爻正位图》甲类；及四初上五二三、上五二三四初、二三四初上五，三图见《六十四卦驱爻正位图》乙类。《九十六次就爻之正图》分成二五上初四三、上初四三二五、四三二五上初，三图见《六十四卦就爻正位图》甲类；及二五四三上初、四三上初二五、上初二五四三，三图见《六十四卦就爻正位图》乙类。

上述十二图各含三图，共三十六图，时位变易之道莫不备焉。《彖》曰"六位时成"，谓保合和接驱就六种正位法，因六时而成既济。又曰"时乘六龙以御天"，六龙犹六位，时乘之乃合六时言，即本此三十六图以御天也。故天下之动，大宝之位，变通之时，此三十六图殊可像之。《系》释咸四曰："天下何思何虑，天下同归而殊途，一致而百虑，天下何思何虑。"夫殊途者，位之异。百虑者，时之异。时位虽异而动贞夫一，故此三十六图皆同归于既济，一致于既济。《杂卦》曰："既济定也。"定则何思何虑而各正性命，何必憧憧往来哉。当既同既一，而回顾三十六图之殊途百虑，亦颇有出入。盖途有大途与径路，虑则有简有繁，此不可不辨。若能合径路成大途，化繁琐为简洁，方为易简之理。故下述约三十六图为一图，所以免殊途百虑之争也。又此三十六图，可以另一形式示之，详见《十二正位层次图》。

再若更宜知六十四卦之分类，盖以失位爻阴阳爻之多寡，及其应比不同等法分成十三类，即曲成、弥纶、氤氲、酬酢、范围、枢机及经是也。乃以和爻为准，见《六十四卦分类图》。其间属氤氲、酬酢、枢机及经卦中之六子，共三十六卦，将因六种正位法而异。属曲成、弥纶、范围及经卦中之二老，共二十八卦，则不因六种正位法而异。见《六十四卦合六龙图》。凡六龙图外之四九三十六卦中，三阴三阳而当某种正位法之六卦，即为此种正位法之氤氲卦，其他十二卦则为酬酢卦。二阴二阳而当某种正位法之六卦，即为此种正位法之经卦，其他十二卦则为枢机卦。此外弥纶、范围二十四卦，乃属于曲成之既济未济及经卦中二老之乾坤。故此二十八卦不因六种正位法而异。又由此图，可见乾坤与既济未济各摄三十二卦。

以下乃详观三十六图之同异而明其所通，初则可合六时中甲乙二类各三图为各一图。今以和爻类为例，凡变易一次后，不计其不易之卦外（《六十四卦和爻正位图》中，以—示之者为不易之卦），所存之二十七卦，三图中各不相同，故皆取之。且知枢机卦之正位法不同，则二错卦必为先后成既济。若初次变易三图中有重复者，宜加取舍。以二五上三四初一图为例，说明于下。同人下取乾者，乾坤及未济，三图中皆取之。不取离者，离为经卦。凡经卦除乾坤外，因六种正位法之不同，可通枢机卦。而枢机卦必成䨓卦（可通酬卦），故经卦除乾坤外，宜之正成䨓卦（可通酬卦），不宜成范卦。不取大有者，若大有而同人，则与比将同成既济，与先后成既济之义未合。随下兑震皆为经卦，宜取之。又取震而不取兑者，盖同人下之乾卦正二爻，则随下宜取正五爻之震卦。不取归妹者，若归妹而随，则亦与渐为同成既济，与先后成既济之义未合。无妄下不取履者，若履而无妄，则履由无妄而革，将与谦为同成既济，与先后成既济之义未合。不取噬嗑者，若噬嗑而无妄，则噬嗑由无妄而革，将与井为同成既济，亦与先后成既济之义未合。不取睽者，若睽而无妄，则睽由无妄而革，将与蹇为同成既济，亦与先后成既济之义未合。渐下取巽而不取艮、蛊，与随下取震而不取兑、归妹同义。比下取坤而不取坎、师，与同人下取乾而不取离、大有同义。观下不取涣、剥、蒙者，与无妄下不取履、噬嗑、睽同义。遯下取姤者，姤错复，复而屯，姤必成遯。取旅者，旅错节，节而屯，旅必成遯。不取鼎者，弥者宜先正一爻，则与纶卦为失位爻差四爻之先后成既济，且未济正位时可合爻变。萃下取困、豫而不取解，与遯下取姤、旅而不取鼎同义。否下取讼、晋者，弥卦宜先正一爻。取未济者，三图中皆取之。由是二五上三四初一图之六十四卦，唯存二十四卦。同例上三四初二五，及四初二五上三，二图亦各存二十四卦。其间唯乾坤及既济未济乃三图中并存，其他二十卦三图中各不相同，故合之即成一图。若和爻乙类，及其他五种正位法之甲乙类皆可类推。

本诸上法，三十六图中之六时，皆可合成先后成既济之甲乙二类，即由三十六图合成十二图。见保爻先后成既济图甲类、保爻先后成既济图乙类；合爻先后成既济图甲类、合爻先后成既济图乙类；和爻先后成既济图甲类、和爻先后成既济图乙类；接爻先后成既济图甲类、接爻先后成既济图乙类；驱爻先后成既济图甲类、驱爻先后成既济图乙类；就爻先后成既济图甲类、就爻先后成既济图乙类。以上十二图中，当三图合一时，三既济合一既济，故三未济及三乾坤，亦宜以六龙图取定一种。乃保爻先正上初，合爻先正四三，和爻先正二五，接爻先正上三，驱爻先正四初，就爻先正二五，图中圈以别之。

然当既合成十二图时，另一问题生焉，即二错卦之先后成既济与同成既济。盖于三十六图时，乃可兼先后成既济与同成既济。今相合时，既取枢机卦之不同正位法，则势将除乾坤外皆为先后成既济。如是乃不顾二错卦之同成既济，于义殊未安。夫有既济未济并存，二错卦间必有先后成既济之理。有乾坤之并存，二错卦间又必有同成既济之理。先后成与同成，乃并存而不可相无者也。则既使三十六图合成先后成既济之十二图，又宜使三十六图合成同成既济之十二图。亦以和爻甲类为例说明于下。

凡同成既济与先后成既济之关键，在枢机卦。枢机卦而正位法同，为同成既济，不同则为先后成既济。今使成同成既济，故变易一次后之三图中，乃不取六枢卦。而枢卦取诸初次变易时自正二爻，则正位法同机卦。若初次变易之各卦，取舍自然与先后成既济不同，亦以二五上三四初一图为例。同人下取乾者，乾坤及未济三图中皆取之。取离者，凡先后成既济，则经卦宜法枢卦而成三阴三阳卦。若同成既济，则宜法经卦中之乾坤而成一阴一阳之范卦。取大有者，必大有而同人，则与比为同成既济。随下不取兑、震者，经卦宜成范卦。取归妹者，必归妹而随，则与渐同成既济。无妄下不取履者，若履而无妄则谦成蹇，与和爻甲类之谦成明夷不合。不取噬嗑者，若噬嗑而无妄则井成蹇，与和爻甲类之井成需不合。取睽者，睽由无妄而革，则可与蹇为同成既济。渐下取蛊而不取巽、艮，与随下取归妹而不取兑、震同义。比下取坎、坤、师者，与同人下取乾、离、大有同义。观下取蒙而不取涣、剥者，与无妄下取睽而不取履、噬嗑同义。否下不取讼、晋者，弥卦宜先自正二次，则可与纶卦为同成既济。取未济者，三图中皆取之，由是二五上三四初一图之六十四卦，唯存二十四卦。同例，上三四初二五及四初二五上三，二图亦各存二十四卦。其间唯乾坤及既济未济乃三图中并存，其他二十卦三图中各不相同，故合之即成一图。若和爻乙类及其他五种正位法之甲乙类，皆可类推。

本诸上法三十六图中之六时，又可合成同成既济之甲乙二类。即由三十六图又合成十二图，即保爻同成既济图甲类、保爻同成既济图乙类、合爻同成既济图甲类、合爻同成既济图乙类、和爻同成既济图甲类、和爻同成既济图乙类、接爻同成既济图甲类、接爻同成既济图乙类、驱爻同成既济图甲类、驱爻同成既济图乙类、就爻同成既济图甲类、就爻同成既济图乙类。以上十二图中，当三图合一时，三既济即一既济。故三未济及三乾坤，亦以六龙图取定一种。乃保爻先正上初，合爻先正四三，和爻先正二五，接爻先正上三，驱爻先正四初，就爻先正二五。图中于勿用之二未济及二乾坤之正位法，当三图合一时略焉。

由是六时已合为二，然有先后成与同成之别，故化三十六图成二十四图。以下更述合六位为二，即使保合和与接驱就各合为一。若三图合成一图之法，有二例。一、凡弥纶卦以一爻得失位为准，范围卦以一阴一阳为准，以定其用何种正位法。如家人、蹇、解、睽及剥、复、夬、姤取诸保爻，家人、解、屯、鼎及夬、剥、谦、履取诸接爻等是也。二、凡酬酢卦皆取诸化成氤氲卦之爻，枢机卦皆取诸化成经卦之爻。本上二例，二十四图合成八图焉。见保合和先后成既济兼用图甲类、保合和先后成既济兼用图乙类、接驱就先后成既济兼用图甲类、接驱就先后成既济兼用图乙类；保合和同成既济兼用图甲类、保合和同成既济兼用图乙类、接驱就同成既济兼用图甲类、接驱就同成既济兼用图乙类。以上八图中，当三图合一时，唯乾坤及未济三见。今以和爻、就爻为准，故先后成之四图中，圈以别之。同成之四图中，勿用者略焉。至若合此八图之法，又宜明先后成既济与同成既济之不同而加以取舍。

夫先后成与同成者，时之异。凡时之生，本诸位之异，殊不可舍位而言时。除乾坤外皆为先后成既济既不可，除既济未济外皆为同成既济亦不可，宜以得失位之多寡为定。凡得位爻多而失位爻寡者，宜先成既济。得位爻寡而失位爻多者，宜后成既济。二错卦之得位失位皆为三爻者，宜同成既济。本此时位之自然相合，计六十四卦中，先后成既济各二十二卦，同成既济为二十卦。再者先后成既济之四十四卦中，有二十卦（先后成各十卦）乃三阴三阳卦，故变易时为自正而不必旁通错卦。夫错卦者，位之相对，时之所由生。若此二十卦既不及错卦，则不辩其先后，名之曰各成既济。然各成之二十卦，得失位爻皆有多寡，故仍属先后成既济，而不属同成既济。由是成既济之或先后或同或各，皆可依类而用之。计纶卦、范卦为先成既济，弥卦、围卦为后成既济，枢机卦、经卦为同成既济，曲成卦、氤氲卦、酬酢卦为各成既济，见《六十四卦分类既济图》。

本此先后成、同成、各成之准则，方可合上述八图成四图。凡各成之二十卦，先后成、同成之相应二图中皆同，此自然已合成四图。先后成之二十四卦，自然取诸先后成之四图。若同成之二十卦，本宜取诸同成之四图。然先后成之四图中，因六位合成二类时皆用经卦，故此二十卦亦已同成既济。且范围卦既为先后成，则围卦将由二阴二阳而成三阴三阳。故枢机卦及经卦，除乾坤外亦宜成三阴三阳卦，此合于先后成既济之四图。若同成既济之四图，凡枢机卦及六子皆变易成一阴一阳之范卦，此乃合于范卦之同成既济，而不合于范围卦之先后成既济。是故枢机卦及经卦之同成既济，亦取于先后成既济之四图。由是知同成既济之四图，不足以包先后成既济之四图。而先后成既济之四图，已可包同成既济四图。故合八成四者，实即取先后成既济之四图，而勿用同成既济之四图。

至若四图中之枢机卦及经卦之六子，当变易一次成三阴三阳卦。此后二次旁通皆可法各成卦而自正，乃于理为简。而所属之六位自然变化，见“枢机卦及六子卦转化图”。

夫四图既定，又可述合六位之二类为一而成二图。依《六十四卦合六龙图》，可见六十四卦乃分属于乾坤既济未济四卦，见《乾坤与既济未济各摄三十二卦图》。因所摄之卦不同，则乾坤与既济未济所用之保合和及接驱就二类亦宜不同。今以六子卦及氤氲卦为例，以明乾坤所摄之三十二卦宜用接驱就，既济未济所摄之三十二卦宜用保合和。盖六子之二阴二阳乃应爻，而分四阴四阳成二比爻，则变易成既济，殊宜用一应二比。是即为接驱就之一类，枢机卦可类推。若𠾗𠾗卦为三阴三阳，而𠾗卦失位之二爻，𠾗卦得位之二爻，皆为应爻，且为各成卦，则变易时殊宜用应爻，是即和爻，而酬酢卦可类推。而用保爻、合爻，是即为保合和之一类。又范围卦及弥纶卦乃各从其类，即前者用接驱就，后者用保合和。若乾坤用就爻，既济未济用和爻者，取其中也，由是二图成焉。计六种正位法各为十卦，唯就爻多乾坤，和爻多既济未济，可云絜齐，见六龙成既济图甲类、六龙成既济图乙类。若此二图之何从，宜本《六龙变化图》而明之。凡时之不同，以阴阳位视之，唯有顺逆之别。阴位以二四上，阳位以初三五之次序变易为逆，阴位以上四二，阳位以五三初之次序变易为顺。今阴位取顺，即阳处阴位而变易，宜由上而下。盖上行下效，其位阴，不可不顺时也。若阳位则异，即阴处阳位而变易，顺逆皆可。乃因六位之二类而异，保合和之阴阳变易次序顺逆同，故亦为顺，数往者顺是也。接驱就之阴阳位变易次序顺逆不同，故为逆，知来者逆是也。见《六龙变化顺逆图》。顺逆已定，乃知所用者为甲类。

又本《枢机卦及六子卦转化图》，使二次旁通成一次自正，而成《六龙易简图》一。此图即约三十六图而成，乃兼及六时六位，而非囿于一时一位者也。又作《六龙易简图》二，以明二错卦间之关系。计九十六次变易中，自正及旁通各为四十八次。因化枢机卦及六子卦之二次旁通为一次自正，故自正为六十六次，旁通为三十次。于六位中亦自然转化，乃用和爻为十八卦，保合爻各十六卦，就爻为六卦，接驱爻各四卦。又观《六龙易简图》之变易，六十四卦乃各从其类而成既济。其法至易至简，见《六十四卦从类成既济图》。

总上所述，乃辩殊途百虑之出入，而使之易简耳。未济《大象》曰："君子以慎辩物居方"，此之谓乎？当三十六图之合为一图，层次甚多，见《会通图》。然亦可由三十六图直接合成一图，其法简捷，请述于下。

凡三次变易而皆成既济，此三十六图所同。当二次变易后，合观三十六图中除既济外，共有十五卦，即纶卦六氤卦三酬卦六。故知之既济之道，必须经此十五卦。唯此十五卦，方可直到既济。若纶卦六乃旁通一爻而成，氤卦三酬卦六皆为自正二爻而成。若能二爻自正者，以自正为大途为简。如氤卦酬卦皆不必旁通一爻成纶卦，然后再由纶卦旁通一爻而成既济。

又当一次变易后，合观三十六图中，除上述之十六卦外，有范卦六、机卦六、经卦中之六子卦六、枢卦六、酢卦六、氲卦三，共三十三卦，故知此三十三卦皆可二次变易而成既济。凡范卦六乃由纶卦而成既济，枢机卦及六子卦十八，可由纶卦亦可由氤卦及酬卦而成既济。若先旁通一爻则由氤卦或酬卦，先自正二爻则由纶卦。今因范围卦之宜先后成既济，则围卦之二次旁通，乃由枢机卦或六子卦以成酬卦或氤卦，故以先旁通一爻为大途为简。此外酢卦六、氲卦三，乃由氤卦而成既济。

若必经三次变易而成既济之卦凡十五，即经卦中之二老及围卦六、弥卦六、曲卦一。乾坤乃三次旁通，由范卦、纶卦而成既济。围卦乃先二次旁通，后一次自正，由枢机或六子，经氤卦或酬卦而成既济。弥卦乃先一次旁通，后二次自正，由氲卦或酢卦，经氤卦或酬卦而成既济。曲卦为三次自正，亦由氲卦或酢卦，经氤卦或酬卦而成既济。

本上述之法，凡能一次变易成既济者，勿用其二次变易；

能二次者勿用三次。又凡兼用旁通、自正之卦，若围卦、弥卦因先后成既济故，若机卦、枢卦、六子卦因同成既济故，皆使先旁通后自正，见《六龙简化表》。本此表之法以观三十六图，合则取之，不合则舍之。每图各存十六卦，见《六龙简化图》一。又合此图中之三十六图为一图，见《六龙简化图》二。

以《六龙简化图》二观之，其间唯乾坤与既济未济乃兼备三十六种变化，此《序卦》之所以始乾坤而终既济未济。又知此二错卦乃各摄三十二卦，故乾坤之变易定，所摄之范围卦、枢机卦及六子自然亦定。未济之变易定，所摄之弥纶、氤氲、酬酢卦亦自然定。故变易之几，在乾坤与未济耳。今本《序卦》以屯继坤之理，知坤宜成屯。而《杂卦》又以比继坤，乃详释坤成屯之次，谓坤宜由比而屯。若坤成比则乾宜成同人，盖二五乃当六龙之中，《文言》所谓“龙德而正中”是也。且知未济之三次自正，初次亦宜先正二五。未济而否，即《系》曰“天尊地卑，乾坤定矣”。又乾宜由同人而革，乃穷上反下，乾坤成屯、革之三四未正，所以经纶以求仁，明时以取义，“立人之道曰仁与义”，屯、革之谓也。再者，《序卦》《杂卦》皆以咸为下篇之首，且同归一致之辞，亦见于释咸四，故知未济宜由否而咸。由是则乾坤用就爻甲，未济用和爻甲，以此即可推得所摄卦之变易法焉。

初因乾坤而及范围卦，乃同人、比同乾坤而为就爻甲，则知复、小畜为驱爻甲，谦、夬为接爻甲。凡错卦皆相同，六围卦自然而定。由机卦之三阳卦、枢卦之三阴卦而成氤卦。本此而知机阳枢阴六卦乃用和爻甲乙，则同成氤卦之机阴枢阳六卦即不用和爻甲乙，而用合爻甲乙。且与机阴枢阳六卦同成酬卦中三合卦之六子卦，亦不用合爻甲乙而用保爻甲乙。由此乾坤所摄之三十卦变易法定。

又因未济而及弥纶卦，乃需、晋、讼、明夷同未济而为和爻甲，则知屯、鼎、革、蒙为合爻甲，家人、解、蹇、睽为保爻甲。本此而知氲卦之成氤卦、酢卦之成酬卦，皆用和合保之甲类，则既济未济所摄之三十卦变易法亦定。

今于《六龙简化图》二中，凡合此变易法者圈之，即成《六龙易简图》，见《三次变易合六龙易简图》。

夫《六龙易简图》由会通之次序而得，乃由下而上。由《六龙简化图》而得，乃由上而下。上下一也，故所得之《六龙易简图》同。取舍之准则，亦宜合而观之。若六子卦之宜用接驱就，氤氲卦之宜用保合和，与夫阴位之宜用顺，阳位之宜兼用顺逆，皆为象理之自然，而亦密合于《序卦》、《杂卦》之次。此岂巧合哉，实至理存焉。故知变易之道非他，乃本仁义以感人而使天下和平也。又作《六龙易简图》三，以见三次变易后所存之卦数。计一次变易后存二十七卦，二次变易后存八卦，三次变易后存一卦是也。以上图表皆连贯，总名之曰《周易格物图》云。

释经纶

《屯·大象》曰："云雷屯，君子以经纶。"经纶皆治丝之事，谓论道施政，犹治丝之有经纬纶纲也。姚信曰："经纬也，纶谓纲也。"朱《本义》曰："经引之，纶理之也。"《中庸》曰："唯天下至诚，为能经纶天下之大经，立天下之大本，知天地之化育。夫焉有所倚？"然则"经纶"何以言于屯卦？盖五爻皆正，而六三未正。三爻乃当人道之仁，既不正则不仁焉。不仁者，匪人也。有匪人焉，此屯卦之所以有难，是故君子必当其时而经纶之。经纶之道若何？曰正其位而已矣。夫乾四已之坤初，乾二亦已之坤五。唯乾上尚未之坤三，是故亢龙之悔未免，含章之贞未正。未贞而有悔，则难生不已。不已则不宁，此皆不仁之所致。至若仁之之道，曰诚。诚则不骄以免亢，时惕以发章。乾二存诚而乾三立诚，知立诚之为至二，是谓至诚。唯至诚者，则可与研几。屯三曰："君子几，不如舍。"舍者，舍其所倚也。郑注"大经"："谓六艺而指春秋。"注"大本"谓《孝经》。依易象言，比九五显比为大经，复，剥反，天地之心为中，复初九为大本。比复合之者，屯也。屯三正成既济则天地位，万物育，焉有所倚。屯二其仁者，九三至诚也。渊渊其渊者，初九大本也。浩浩其天者，九五大经也。

当乾二之未之坤五，则失位为邪，邪则不诚，不诚则拂经，故存诚本于闲邪。颐五曰“拂经”，即谓六五失位。然则颐二正位，何以亦曰“拂经”，曰颐者，为反复不衰卦。二即五，且六二虽正而无应于五，故犹为拂经。待需二之颐五，则“居贞吉”而合乎经，则闲邪而诚存。

以两象言，云聚于天，雷作于地，云雷郁幂而三雨未施，故屯膏而有难。以六位言，谓研几以正其位。即经纶大经，立大本，知化育也。纶，郑荀作论。郑谓论，撰书礼乐施政事。荀释经纶曰：“经者常也，纶者理也。”故经纶者，则字异而义通。《周礼》曰：“经卦八。”谓三画卦八。以六十四卦言，八纯卦乃名经卦。纶者，言于屯卦而屯唯一爻失位，故凡一爻失位卦六，即蹇、需、屯、革、明夷、家人，名之曰纶卦。以易象言，坎为经，离为纶。

经者，常道也。《易》二篇中唯颐卦中有经字，盖颐者，养也。以经养，是谓养正。自养以经，乃舜何人予何人希圣希贤也。养人以经乃觉后觉，尧舜率天下以仁，而民从之。反是则自暴自弃，贼身贼君，拂经之谓也。《孟子》曰“反经”者，反此拂经以得天地之生理，以自养养人耳。易例正位有应有承为经。虞注颐五曰：“失位故拂经。”夫失位之拂违于经固也，然六二之位正，其亦曰拂经者何哉？盖二位虽正，其无应于五，虽承于三，硁硁然颐其所颐而颠其颐，征其所征而失其类，能不反凶者鲜矣。

释弥纶

《系》曰："易与天地准，故能弥纶天地（地或作下）之道。"京曰："准，等也。弥，遍纶知也。"郑曰："准，中也，平也。"虞曰："准，同也。弥，大纶络。谓易在天下，包络万物，以言乎天地之间则备矣，故与天地准也。"《参同契》曰："包囊万物，为道纪纲。"曹曰："包囊即弥，纪纲即纶。"《序卦》曰："有天地然后万物生焉。盈天地之间者唯万物，故受之以屯。"夫易与天地准者，易言万物，本诸天地。天地之先，圣人弗论。故易与天地同，而为天地之中。天地间之万物莫不准焉，是故能包囊万物，而为万物纪纲。易象乾天坤地，阴阳合德而刚柔有体，用九用六以成两既济，是之谓准，即云行雨施天下平也。当三爻未正时，则云已行而雨未施，其卦为屯，是故君子以经纶。经之纶之以正万物而成既济，故能经纶天地之道。易例以既济之象为准，即"天则"也，六十四卦皆准之，易象坎为准。又弥纶合言，纶为一爻失位六卦之名，即蹇、需、屯、革、明夷、家人，故其错象一爻正位之六卦名之曰弥卦，即睽、晋、鼎、蒙、讼、解是也。易象坤为弥，用六永贞以大终。故虞注弥为大。

释是非

《说文》："是，直也，从日正。"端木国瑚《周易指》曰："是，日正。下正北方，正而上直日，日正为是。《易》中央有太极，是此日正，是生两仪。"故阴阳两仪因是而生。既生两仪，则相合为是，相背为非。《说文》："非，违也。从飞下翅，取其相背。"《孟子》曰："是非之心人皆有之"，"无是非之心非人也"。又曰："是非之心，智之端也。"盖凡人莫不知是非。云行雨施，保合太和以生生者，是也。弑君弑父，天地不交以消阳者，非也。奈务外而物交物，则引之而是非混，不智者莫甚于此。智而凿者，则是其所是，非其所非。故所是者未必是，所非者未必非，其未知乎日正，何能知太极两仪之是非哉。虞注："是谓阳，非谓阴也。"乃指息阳由复而之乾为是，消阳由姤而之坤为非，此以消息之时言也。《彖》曰"六位时成"，谓六十四卦各因其时以正其位，能成为"是"，若妄动而失其位则不成为"非"。以爻位言，初九上六为是，初六上九为非，乃是非之不易者也。若中爻则有变化焉，下互上互谓之是者，中互谓之非。中互谓之是者，下互上互谓之非。而初九上六及中互是者，其象为归妹。归妹者，合乎四时之象者也。故是非或因时而变化焉，此不可不辩。《系》曰：“辩是与非，则非其中爻不备”，是之谓也。盖既济为是，未济为非，此不必辩者也。所欲辩者，中四爻而已。故备者，备归妹以辩既济未济之是非也。《杂卦》：“既济定也”，“归妹，女之终也。未济，男之穷也”。其唯有是而无非，故既济能定。《大学》：“知止而后有定。”知止者，扩充智端以至乎其极而止矣。故既济者，是非之极。然有未见乎初上而即以中互以断其是非者，则其是非恰反。《庄子·逍遥游》曰：“知效一官，行比一乡，德合一君而征一国者，其自视也，亦若此矣。”王弼曰“初上无位”，其失亦在此。夫归妹者，震兄归兑妹也，此不可不知时。四曰“归妹有时”（二篇中唯此一时字），因时归之，若帝乙之归妹，所以保泰也（归妹三四反成泰，泰中互归妹，泰、归妹之五爻皆曰帝乙归妹）。女终于嫁，嫁曰归，故归妹为女之终也。若不归则女无所终，人心皆有之是非，由是而乱。更有甚者，即以中互之是非为是非，而非初九上六之是，则初上妄动而反成未济。呜呼，人心本善之是非，至此而灭。故为“男之穷”。夫女既归，男亦无分，此所以为穷也。《文言》释乾，初曰“不见是而无闷”，盖乾初之是固也。然以中互为是非者，其何能见初九之是哉。人不见无闷之有，何可欲人见而舍。若舍之则成未济。未济上曰“有孚失是”，失是者，失固有之是非也。夫乾初、未济上，全《易》之始终也。是非彰彰，研几之士，不可不辩是非也。

释得丧

得丧本诸是非。以阳处阳位，阴处阴位为是曰得；以阳处阴位，阴处阳位为非曰丧。以消息言，息阳为是，消阳为非。然时位不可偏废，若乾上之亢，即由息阳而失位。失位为非，故宜之坤三。《文言》曰："知得而不知丧。"谓唯知息阳之得而不知失位之丧，则将亢而不已，姤生于下，由息而消，不善积焉，故"正"岂可失哉。泰而井，初阳之五，初五皆阳位，其位仍当，故曰"无丧"。五阴之初，其位皆失，故曰"无得"。又阴阳同类为朋，同类相爱曰"得朋"，犹阳处阳位而阴处阴位。异类相处曰"丧朋"，犹阳处阴位而阴处阳位。以方位言，西南属坤，阴类也。故坤曰"西南得朋"。东北属艮，阳类也，故又曰"东北丧朋"。尧之末年，四凶在朝，非禅让于舜，何以正其罪。巍巍乎尧之为君，知进知退，知存知亡，知得知丧，非圣人其孰能知之。无丧无得者，井通犹泰。《序卦·泰·彖》曰："泰者，通也。"《杂卦》"井通"，谓井道养人，往来不穷，不以尧存，不以桀亡。唯尧则修井以济，桀则幕井以成其私。呜呼，一仁一暴，岂可同日而语哉。

盖君子之道，本诸是非，故知得知丧而有得无丧。《说文》：“得，行有所得也。”“丧，亡也。”行有所得者，得其类，得其位也。亡者，亡其类，亡其位也。易象乾为得，坤为丧，内动之爻象，莫不非非而是是。

释失得

《系》曰：“吉凶者，失得之象也。”“吉凶者，言乎其失得也。”又曰：“因贰以济民行，以明失得之报。”夫得丧犹得失，失得犹得丧。然则或言得丧，或言失得何也？曰得丧言乎内，失得言乎外。内既得则诚中形外而报以吉，内既丧则心死外失而报以凶，内外感应若影之随形，故君子必慎其独。《系》曰“爻象动乎内，吉凶见乎外。”夫爻象得丧之动，所以见失得吉凶之报，可不慎而又慎乎？凡报以吉者，其爻必正，其象必得。报以凶者，其爻必失，其象必丧之。盖尧舜之道以生理为德，以正位宝。确然隤然，动贞失一。一者既济也，则有得而无丧，有正而无失，故能有吉而无凶。不善之吉不来，不恶之凶不去。凡人之情，莫不好吉而恶凶，然其所处，皆失而无得，则所好何如？嗟乎痛哉。夫豪杰之士虽无文王犹兴，此其时乎，此其时乎。

释"当""博"

当者，言其位也。位正曰当，不正曰不当，于既济未济发其例。既济位皆正，《象》曰："刚柔正而位当。"未济位皆未正，曰："虽不当位，刚柔应也。"凡六十四卦中言"当"字，其义皆同。然则或言"得"或言"当"，何也？曰"得丧""失得"者，本诸是非。当不当者，本诸文。《系》曰："物相杂，故曰文。文不当，故吉凶生焉。"夫文者，阴阳物相杂，杂之至所以成六十四卦。乾坤既济未济之消息，八宫之变化，六爻之发挥，是之谓文。文则不可不博，博则可以见天地之奥秘，万物之蜕化，鬼神之情形，人事之变迁，间有不当者存焉。《文言》曰："德博而化。"盖乾二之德，君德也。博者，博其文也。然其位不当，则变而未化，众义纷纭而莫衷一是。必正位于坤五，然后由博反约，坤五曰"文在中也"。夫博文约礼之事备，则所文者莫不当，所生者莫不吉。盖本太乙以制礼，克己复礼以归仁，当而吉，弗畔以见天地之和气，熙熙缠绵以至无穷，人道之所以能参天地也。

释 权

《论语》:“可与立，未可与权。”立者何，立于经也。《公羊》:“权者何，权者反于经，然后有善者也。”已能曰立于经者，尚未与行权，况未知经道者乎？夫人之所立者，位也，乃圣人之大宝。易象莫不以位为准，故其位未正者未可与权。然则其立正矣，其位当矣，又未可与权者，何也？盖消与息有异。夫息阳者，生生之易道也。消阳者不仁，貊道也。故倾否保泰，尤为君子所贵。未知于此者，又何可与权耶？

以易象言，凡正位而应比皆正，且其时当息，则君子依经而行，不必用权。然好景不常，君子有偶焉遇之者，未见终身为之者。人之不踶，即在此焉。故君子不可不知权。《孟子》曰:“权然后知轻重。”知其轻重，所以对应比与消阳也。

若消阳之卦，失位之爻，似亦用权而化应比，实则此乃小人之无忌惮，岂圣门行权以感化人心之道哉。夫作《易》者其有忧患，孔子系以十翼，其忧患尤深。三陈九卦，圣人忧患之心也。应比位正，转消为息，则有善焉。虽曰反于经，然于生生之理与人为善之义，何焉二哉。先圣后圣，其道一，其救人之心一，其忧患亦一也。九卦以履始以巽终，履者礼也，君子之所处也。巽者权也，君子之所用，以避患化人者也。“行权”言于巽卦者何也？夫巽者入也，初阳失守，于时为消，于位不当。经道之不存，莫甚于此。圣人救世之心，莫切于此。君子忧患之意，又莫过于此。此所以不得不用权以济人心矣。

呜呼，禽兽遍野，率兽食人，此时此境之民，其流离失所，奔走而无告者，莫可胜数。安得“益烈山泽而焚之”，“田获三品”以亡其悔。此尧舜之忧，所以正巽初，以复其见天地之心也。巽初正震成复，夫权之用莫大于此。所以发人志治之心，而去人志疑之意，而知息消之理。“行权”之精义其在此乎？《春秋》之褒贬，其忧患之心甚矣。

以六十四卦言，凡正位其比应有敌者，正位皆可用权以化之。《公羊》曰：“行权有道，自贬损以行权，不害人以行权。杀人以自生，亡人以自存，君子不为也。”

自贬损若何？曰虽正似不正。应比之不正者，尚自以为正，故其动则以静应比之，其静则以动应比之。如是以感发其固有之是非，则必将化正，此行权之一也。

不害人若何？曰时当息为生人，时当消为杀人，君子以道而行，通乎消息之理，不以消息而变其志，乃一以正位为主。若大壮而泰，姤而遯，则生而不生，杀而顺之，似与经道有异，然此即“反经有善者也”。大壮四曰正，所以救乾四之疑。姤

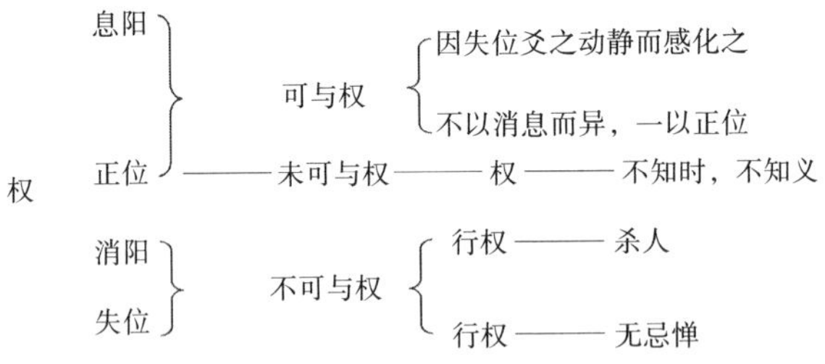

二正，所以成不及宾之义。亦行权之一也。若反泰成否，此杀人自生而未必生。妄动以对应比，此亡人自存而未必存。此非“行权”也。犹巽而姤，既不能化正初六，又反成消卦以杀人。此权之所以未可与中人以下言也。

释太极

《系》曰："易有太极，是生两仪。"太极者何？易之所有也。易者何？合日月而言也。其义若何？曰日月之道然：不易者也，变易者也，日月相代又至简至易者也。故易之义亦三，曰不易、变易、简易耳。然则合日月之义，是之谓太极乎？曰此以地球言也。其以天道言若何？曰日月星辰莫不丽天，非徒日月地球而已矣。故依日而言，其行星亦别焉。水、金、地、火、木、土、天王、海王、冥王者，今人之所已知者，其尚未知者又不知凡几。盖其直径有天文单位四千焉，而冥王星之远日点，惟天文单位四十九有半也。然则合日月与行星是之谓太极乎？曰此以太阳系而言也。若以银河系言，太阳亦其行星之一耳。夫银河系之直径，十万光年也。而太阳之距其中心三万光年耳。若太阳之绕银河系，其数盖千亿倍。地球上所见之星辰，即此银河系而已。然则合千亿之太阳是之谓太极乎？曰此以银河系而言也。若以螺旋星气言，银河系亦一螺旋星气耳。而丽于天者，螺旋星气之数盖千亿。凡五亿光年为半径之圈，内有一亿螺旋星气，平均两螺旋星气之距离约二三百万光年。而螺旋星气之散布于银河系之外者，愈远愈稠，愈近愈稀。其行之速度有异，凡愈稠者愈速，愈近者愈缓。每隔六千光年，每秒增加一千米（Km）。而光速每秒为三十万千米。故二数相乘，其积十八亿光年，则螺旋星气之速度已同光速。同于光速者，盖亦光而已矣。故大宇宙者，合此千亿螺旋星气而言。然则合此千亿螺旋星气为太极乎？曰非也。此以大宇宙言也，夫由日月推至太阳系、银河系、螺旋星气，成大宇宙而化光，盖亦至矣尽矣。

然太极者，究何谓也？盖太极者，言其合也。故日月之合，既有太极，大宇宙之合千亿螺旋星气，亦有太极。银河系、太阳系之各有所合，亦莫非太极。所以贵于太极者，贵其合也。合则化光，有光则日正为是。是生两仪，谓光所及者曰阳仪，光所不及者曰阴仪。《彖》曰："各正性命，保合太和。"亦谓阴阳两仪，各正性命，则能保合易道固有之太极。太和犹太极，和言其性，极言其理，此以天道言太极也。若以地道言太极，则犹言物理。盖所谓地道者，有广狭二义。以狭义言地道，则今日之所谓地球也。以广义言之，则块然丽于天者，皆为地道。故以地道言，必有物可执，有质可藉。简而言之，天道犹时间，地道犹空间。凡占有空间者，万物也。故以地道言太极，犹言物理。夫万物亦多焉，然知其所归类，则虽众而不紊，虽繁而不乱。今以物理之法分之，万物皆可分成至微至小之物，是之谓分子。而分子尚非其原，盖仍可以化学之法分之，是之谓原子。故芸芸万物分成原子后，百种左右而已。而原子之不同，电子之多寡耳。凡一原子有其核，核外则阴电子绕之，核内则有阳电子，其数与核外之阴电子同。又有中子，非阴非阳而为物质之基本。而阴电子绕核而转又自转焉，一如地之绕日。阳电子在核内，亦有轨道，其自转与公转亦同。且阴电子可由内轨道跃之外轨道，此盖得一“量子”。亦可由外轨道跃之内轨道，此盖失一“量子”。而原子核亦已可破之，以改其阳电子、中子之数，则万物莫不通焉。然言电子、量子，必化空间为零，则亦化物为光焉。故就其异者而言，所谓“物物一太极也”，就其同者而言，则物皆化光。《文言》曰：“含万物而化光。”其此之谓乎？故天道之太极，犹地道之太极，和而已矣，合而已矣。

至若人道之太极，曰仁义而已矣。《说卦》曰：“立人之道，曰仁与义。”其爻位为九三六四。曰仁义之道若何？其唯仁，故虽善及人而人吾同等。尧之“光被四表，格于上下”者，仁心之充塞天地也。故由睦九族、明百姓、和万邦而雍黎民。舜之“克谐以孝”者，仁心之光塞家人也，利仁于国，故能“五典克从”，“百揆时叙”，“四门穆穆”，“烈风雷雨弗迷”。位二十有二人，莫非仁心之流露。

刘子曰：“民受天地之中以生。”人道太极也。《诗》曰：“明发不寐，有怀二人。”二人者，父母也。《西铭》曰：“予兹藐焉，乃混然中处。”然则中者何？合仁和义而言也。仁道之中者，塞天地，则天地万物，莫不同焉。鸢飞鱼跃，莫不通焉。唯仁人为能爱人，能恶人。爱人恶人者，义也。呜呼，道有仁不仁焉，德有吉有凶焉。其不仁而凶者何？曰不知中而已矣。仁而吉者何，曰中也。子曰：“中庸其至矣乎，民鲜能久矣。”民之不能久，故不知人道之太极，则仁内义外者有焉，其甚者无仁义而外之也。斯则出庶物之首，由首及物，终濡首于物。呜呼，斯亦禽兽耳，其何能参天地而为人哉。人而不人哉，放其心而昧其良知良能也。《说卦》曰：“立人之道，曰仁与义。”爻位九三六四。若反乎此，则六三匪人，九四恶人。匪恶者蹠之徒，仁义者舜之徒。鸡鸣而起，可不唯善是念，唯利是去乎？善者何怀？二人处其中也。利者何怀？负且乘危熏心也。噫嘻，君子于人道之太极，尤宜反复颠沛而不舍也。

《系》曰：“易之为书也，广大悉备。有天道焉，有人道焉，有地道焉。兼三才而两之，故六。六者非它也，三才之道也。”三才者，天地人也。又曰：“六爻之动，三极之道也。”三极，亦天地人也。唯三才言比，三极言其应，其动皆谓之既济也。《礼·月令篇》曰：“无变天之道，无绝地之理，无乱人之纪。”其义一也。

释两仪阴阳

两仪者何？太极之所生，而四象之所自生。盖太极之光，是而生两仪。即光之所及者，曰阳仪，光之所不及者，曰阴仪。《庄子》曰："《易》以道阴阳。"阴阳者，两仪也。渐上曰："其羽可用为仪。"象曰："不可乱也。"谓初上反正，初九贞震阳仪、上六贞兑阴仪之不可乱。《序卦》曰："盈天地之间者唯万物。"万物莫不背阴而面阳，斯即两仪。自然之象，可以山水定阴阳。《谷梁》曰："水北为阳，山南为阳。"亦即水南为阴，山北为阴。盖二山间有水，二水间有山，故水之北即山之南，水之南即山之北，所得之日光同，则其阴阳亦同。《系》曰："阴阳之义配日月。"即日之发光为阳，月之受日之光为阴。故凡发光曰阳，受光者曰阴。以受光者言，则面光者曰阳，背光者曰阴。此为阴阳两仪之本义，不可乱者也。易以⚊象表阳仪，⚋象表阴仪，即乾元坤元。

释成列

成列者，成其次第也。《系下》首章之首句曰：“八卦成列，象在其中矣。”乃继《系上》末章之“乾坤成列，而易立乎其中矣”而言。必乾坤之成其列，然后八卦能成其列。至若“乾坤成列”者，乃本《系上》首章之首句，曰：“天尊地卑，乾坤定矣。卑高以陈，贵贱位矣。”原夫孔子之时尚三易并存，故《系辞》之首句即以天地尊卑言之，所以独赞《周易》精义所在，以为天地万物之常经。若《连山》《归藏》者，皆因时制宜，一代之书也。故其善者，孔子亦赞诸《周易》中（若坤《文言》必取诸《归藏》，艮之时止时行并为成终成始，必取诸《连山》），唯其次第之不可从，故开宗明义曰：“天尊地卑，乾坤定矣。”此即乾坤成列也。乾坤定而易立乎中。故三索而八卦成列，且于《系下》末章言六子之辞，所以并乾坤而成八卦也。若六子之辞中，五子之辞皆言其失，唯“吉人之辞寡”者，独言艮人之得，斯亦本诸《连山》乎？

再者乾坤者，两仪也，由太极所生。八卦者，由四象所生，故“易立乎其中”者，太极也。“象在其中”者，象也。故以四象相生八卦之次第为乾兑震巽坎艮坤，此二种成列乃并行而不悖者也。一言长幼之序，一言父母之左右辅助六子也。

释“成位”“易行”“易立”

《系》曰：“天下之理得，而成位乎其中矣。”夫能成位乎其中者，本诸得天下之理。而天下之理，易简而已矣。故成位者，在诸易简，其象为既济。《系》又曰：“天地设位，而易行乎其中矣。”夫易行者，变易也。天地设位，谓否泰反类。盖天尊而位下，地卑而位上，则交而成泰，易道行矣。反之，则天尊于上，地卑于下，乃天地不交，安位者危，易道不行焉。此不知变易者也。《系》又曰：“乾坤成列，而易立乎其中矣。”易立者，不易也。不易之道，太极也。太极不易之道，本诸乾坤成列。乾坤成列者，坤之从乾，而乾坤合也。若积不善以弑君弑父，天地变化而草木蕃，坤消阳而不成列，其何能见易之太极。“易不可见，则乾坤或几乎息矣”，孔子赞易，其忧患之心可谓深矣。

释“生卦”“成卦”“小成”“大成”

《系》曰：“四象生八卦。”八卦者，四象所生，犹四象由两仪所生，两仪由太极所生。故生卦云者，谓卦之所由生。今以卦变言，六十四卦皆由十变母之爻挥而生。故十变母之爻挥而生六十四卦，名之曰生卦。犹四象之生八卦也，此博文之事。

《系》曰：“十有八变而成卦，八卦而小成。”夫此以卜筮言也。凡蓍数，必四营成易，三变成一爻。故十有八变，成六爻之卦为成卦。当九变成三爻之八卦，是之谓小成。然“成卦”即“大成”乎？曰非也。盖成卦者，成六爻之卦也。大成者，六十四卦皆成既济定也。井上《系》曰：“元吉在上，大成也。”虞注：“谓初二已变，成既济定，故大成也。”故由六十四卦正位成既济定，名之曰成卦，乃与生卦对。而成卦之义，谓由六十四成卦而大成。此约礼之事。

释“摩”“荡”

《系》曰：“刚柔相摩，八卦相荡。”夫摩、荡者，乃继天地之形象变化而言。盖天象地形之变化，则刚柔相摩而成八卦，天、地、雷、风、水、火、山、泽是也。又八卦相荡而成六十四卦，则天地间之变化莫不具焉。以易象言，乾坤旋转（虞注：“旋转称摩，薄也。”），所以成八卦。八卦上下相动（郑注：“荡犹动。”），则六十四卦成。今以成卦言，凡敌应之失位，爻必与错卦之应爻之正，是之谓“刚柔相摩”。旋转刚柔，一归于正也。又上下二体相易（虞名两象易），而其位有得无失，是之谓荡。乃荡除其失也（马注：荡，除也）。若蒙——蹇，讼——需，师——比，履——夬，大有——同人，豫——复，蛊——渐，噬嗑——丰，剥——谦，晋——明夷，睽——革，解——屯，姤——小畜，困——节，鼎——家人，归妹——随，旅——贲，涣——井，未济——既济，即曲——成，弥——纶，围——范，酢——酬。

释“六虚”

《系》曰：“周流六虚。”虞注：“六虚，六位也。”然虚与位有别，朱注：“谓阴（阳流行于卦之六）位。”姚注：“谓太极六爻一阴一阳之虚位也。”今以一立体明之，夫立体只八角，八卦也，即挈矩之道。若以坎离合一，则其旁六卦即消息。若以乾坤合一，则其旁六卦即六子。而消六子，即所谓六虚也。朱以消息言，姚以六子言。

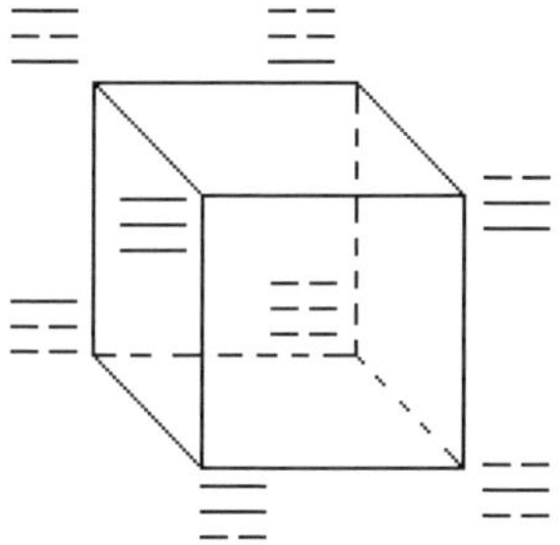

释 志

唐先生曰："昔虞仲翔因既济《彖传》言刚柔正而位当，遂悟当位不当位之例。文治窃谓《周易》位与志实并重。圣人所以时言位者，勉人之有定位而无越分也。所以时言志者，勉人之有定志而无歧思也。然位不能变，而志则有变。而得之者，盖天下之位万殊，卑高以陈，各有一定。而生人之志万殊，则宜有改过迁善之路也。此改命所以为信志，有孚所以亦为信志也。然亦有虽变而不离其宗者，此遯之所以有固志也，在因时而善变耳。圣人之通变宜民，盖有法焉，可轻言哉。"（《易·微言·四》）

夫志者，心之所之。固因卦而异，且卦有生成之别。生谓卦变而生六十四卦，成谓爻变而成既济。此皆心之所之，前者言于彖，后者言于爻，然可相通而互明。计六十四卦之彖，有十卦言志。三百八十四爻之小象，有五十二爻言志。又《大象》及《系辞》，各言志二。孔子重志盖可见焉。今分类述于下，以见人志之万殊，而其归仍一。志者，志于道，士尚志而归于仁义人道也。《系》曰："一阴一阳之谓道。"于象仍为既济，故志与位，二而一、一而二者也。

屯初“志行正”，即临初“志行正”，谓临挥生屯，皆初爻行正不变。临上又曰：“志在内。”内谓内卦，此指三。临生屯而三正成既济，此敦临之志，亦即磐桓之志。蹇上曰：“志在内。”内仍谓内卦，此指初。蹇通睽，睽四志行，即謇上来硕之志。

遯五曰“正志”，即应二“固志”。固志而遯不消否，其志可嘉，故五为嘉遯而正志。

明夷《象》：“内难而能正其志。”谓临之三挥，生明夷。九三正，故三《象》曰“南狩之志”。《象》曰“箕子以之”，即六五“箕子之明夷”，谓五正成既济，成九五正其志，即遯九五之“正志”。

*释章

《说卦》曰："分阴分阳，迭用柔刚，故易六位而成章。"《说文》曰："章，乐竟为一章。"故章者，六位各得其当，乐竟而神和。阴阳相应，二气感通，其于卦象为既济也。

坤六三姤九五曰"含章"，丰六五曰"来章"，噬嗑《象》曰"雷电合而章"，姤《象》曰"品物咸章"，凡此章字，其义一也。且此数卦，皆可相通，今述于下。

夫含者，藏也，其于卦象犹伏也。故含章者，伏既济䷾而见未济也䷿。坤六三含章可贞而时发，则三上之正而卦为恒䷟。姤九五含章而中正之，则二升五降而恒成咸䷞。咸初四正而六位成章，卦成既济。故姤《象》曰品物咸章。

再者，既济下伍体噬嗑䷔。噬嗑三至上失位，故雷电交合而章。雷电交，两象易也。然同三上正位，其卦为丰䷶，丰仍为雷电也。盖四五仍失位，故六五曰来章，所以继噬嗑而言也。来章者，六五来至四，九四往至五也。之四卦为明夷䷣，故曰遇其夷主。之五卦为既济䷾，箕子之明夷，利贞。故王访箕子，其来章之谓乎？

*二观二玩斋易说（笔记）

《系辞》乃易道之总纲，学《易》君子，必先习焉。全篇分为上下，先儒皆无异论。或有欲合之者，不足信。唯上下《系》之分章，各各不同。今上《系》以姚配中为准，乃分十章。下《系》以朱子《本义》为准，乃分十二章。

再者，《说卦》之分章亦各家不同，今从项安世为准，乃分六章。此外《文言》分四章，《序卦》《杂卦》各分为二。故合六十四卦，恰为百篇（详《周易表解》）。

《易象义例通释》一书得力于焦循《易通释》及徐昂《周易对象通释》，体裁亦同，故仍用“通释”二字。

卦辞言“元亨利贞”之卦凡七，乾、坤、屯、随、临、无妄、革是也，皆谓由屯、革而成既济，图另详。此外，有言“元贞利亨”之卦一，乃逆行者也，即损之“元吉可贞，利有攸往，二簋可用享”是也。历代易家似未指出，今特标出之。此即为道日损之义乎。

凡二爻同时连称，有先后之别，如初四或称四初，初二或称二初等等是也。今于正应正比或敌应敌比，一以先称阳位为是，于反应反比则宜先称阴位，如是可有条不紊。再者，凡间爻连称，乃本《系辞》“二与四同功而异位”，“三与五同功而异位”之例，一以由下及上，详见下表。

正敌	应爻连称之序	初四	三上	五二	反应	四初	上三	二五
正敌	比爻连称之序	外比	初二	三四	五上			
		内比	初上	三二	五四			
		反比	内比	二初	四三	上五		
			外比	上初	二三	四五		
	间要连称之序	阳位	初三	三五	五初			
		阴位	二四	四上	上二			

卦名有大小相对者，若大畜、小畜，大过、小过是也。或谓大壮、大有无对，何也？曰：实则仍有对，唯不以名卦耳。盖大壮之对为姤之女壮，消息卦互对也。震阳正大以息阳，故大壮利贞。巽阴蹢躅以消阳，故勿用取女。大有之对为需之小有言，天上之水火互对也。火炎上，故大有上吉。水润下，故衍在沙中。

乾卦辞曰：“元亨利贞。”此外，坤、屯、随、临、无妄、革六卦，亦具“元亨利贞”而更有他辞，盖本乾卦而来。若大有曰“元亨”，大壮曰“利贞”者，乃分得乾之始终。又鼎曰“元吉亨”，明夷曰“利艰贞”，家人曰“利女贞”，则承大有、大壮而言也。

日前于“名贵书刊版本展览会”中，见残存之《永乐大典》一页，乃“第一千一百九十一卷第四页”，为“事字韵辞字，《系辞》四十五”，盖当《系辞下》释否五鼎四。若其体例，犹集解也。此页之首为：“之意，而蔽以一言曰‘其辞危’。此传于乾坤二卦外，释诸爻之辞而首及危之一字，夫子之意，亦文王周公之意与。”亦未知何人所注。以危字点明否五，取忧患之义也。以下引俞琰《集说》：“小人所以倾危者，自以为位可恒安也。所以灭亡者，自以为存可恒保也。所以祸乱者，自以为治可恒有也。君子则不然，安而不忘危，存而不忘亡，治而不忘乱。如否九五曰‘其亡其亡，系于苞桑’，而畏惧为此，是故其身安而国家可以保守也。安危以身言，存亡以国言，治乱以天下言。”此则俞氏之书尚存，末以身、国、天下分言之，于义可取。下引括苍龚氏曰“否之九五能安身者也”（龚氏未详何许人），下引李恕《易训》：“否之九五，以刚中居尊位，故能体天下之否以循致于泰，然犹未离于否也。故为之戒曰：能虑其危乃所以安其位，能虑其亡乃所以保其存，能忧其乱乃所以有其治。古之人君居安思危，居存思亡，居治思乱，如此则身安而国家可长保。故否之九五常虑否之复来，而曰其亡矣，其亡矣，则其固如系于丛生之桑。”考朱彝尊《经义考》载：“李氏恕《周易旁注》四卷未见，《易音训》二卷未见。”又《四库》亦未收李氏之易，则其书或已佚焉。今仅存之一页《永乐大典》，又仅存之李恕《易训》，不亦尤可宝乎？又《经义考》引黄虞稷曰“恕字省中，庐陵人”，又载有恕自序，略谓读《易》三十年，一本程朱，欲合而为一，盖已见程朱之所同者也。

以下引赵珪解：“夫子言：人之危者因自安其位以为常安，而弗思所以危也；亡者因自保其存以为常存，而弗虑所以亡也；乱者因自有其治以为常治，而弗图所以乱也。故君子居安思危‘处存虑亡’至治图乱，是以其身安而国家可保有也。《易》否之九五辞有曰其亡乎，其亡乎，故系之于苞桑，言能思患而豫防，则可免危亡也。”按赵氏未详。

以下引解蒙《精蕴大义》："蒙谓惟其防患之意深，固（按，此固字宜为故字）其保治之本固，圣人于否之九五深明之。"夫解氏之书亦已佚，四库本即从《永乐大典》辑出。

以下引郭昺解："此否九五爻辞也，此圣人严其辞于知诫而不诿之数也。"郭氏亦未详。其取义不诿诸消息之数殊正，圣人明辟卦之循环，而可不上出乎？

以下引朱祖義《句解》："'子曰'，孔子释否卦爻辞云。'危者安其位者也'，心中忧其危险，则能安居其位。'亡者保其存者也'，心中虑其灭亡，则能保守其安存。'乱者有其治者也'，心中戒其祸乱，则能有其平治。'是故君子安而不忘危'，虽安而不忘其危险。'存而不忘亡'，虽存而不忘其灭亡。'治而不忘乱'，虽治而不忘其祸乱。'是以身安而国家可保也'，所以身得安居而国家可以永保。'易曰'，易书云。'其亡其亡，系于苞桑。'此否卦九五爻辞，谓中心虑其灭亡，必欲维系于苞桑深固之地。"按朱祖義，字子由，元庐陵人。此书已佚，四库亦未从《永乐大典》中辑出。朱氏之著作仅存《尚书句解》。《四库提要》曰："随文诠释，辞意显明，使殷盘周诰诘屈聱牙之句，皆可于展卷之下了然于心口，其亦古者离经辨志之意欤。以视附会穿凿、浮文妨要反以晦蚀经义者，此犹有先儒笃实之遗矣，亦未可以其浅近废也。"今读《周易句解》虽唯一节，而辞意显明亦已见焉。惜全书已佚，不然可为初学之读本也。

夫释否五止于朱氏，下载经文"子曰德薄而位尊"一节，其下乃引程子《传》、朱子《本义》、韩康伯注、陆德明《音义》、孔颖达《正义》，及此页之末《正义》尚未引完，然知《永乐大典》之于《易》，乃以程朱王韩为主耳。

考《永乐大典》乃明解缙等辑，写于嘉靖四十一年，即公元1562年。凡每页大字十六行，小字三十二行，每行大字十四，小字二十八（页者谓可对褶，当今之二页），皆正楷书之，实觉可贵，然失佚已极，仅存百分之三，不亦惜哉。幸四库尚存，吾国之文化犹未佚也。

又见清钱大昕《演易》一卷，系手稿本，从未刊印。展览时仅见其翻开之一页，乃解《左传》所筮及归妹之卦。初用卦象，后及宫世，体例当与李道平《易筮遗占》、章耒《春秋内外传筮辞考证》等同。

观象之大法有二，一观本象，一观错象。观本象者，复性也。观错象者，知命也。率性以合天命，犹二错卦之之正。修道成章，保合太和而同归于既济，教之极致也。若本象错象之所指，乃因人事万物而异。如时为本象，则错象为位，反之亦然。凡人事之间，人物之间，物物之间，莫不有之。一言以蔽之，阴阳刚柔而已矣。故易象六十四，错之为三十二。因错而旁通之，其法有六，已详《周易格物图》。今欲论者，其易象之关系耳。盖所谓错卦者，六位之阴阳皆不同。故六种之正法，皆可任意用之，今试分而言之，则旁通卦殊非错卦。

一、和爻飞龙之正（即初四、二五、三上之正）。其旁通卦之象，当错卦之两象易，如剥旁通履，履即夬之两象易。合六十四卦言，当伏羲方图之行列互易也。

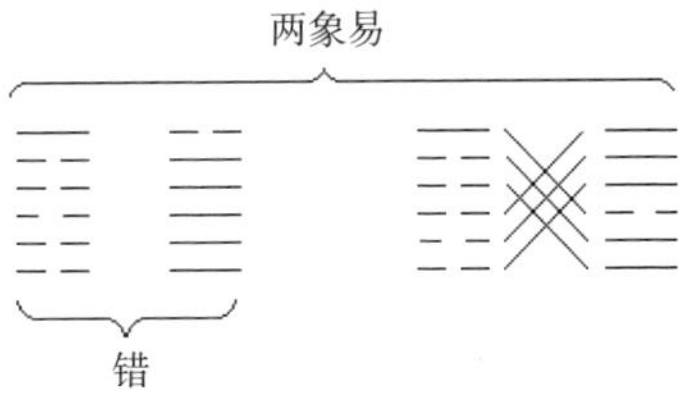

二、就爻见龙之正（即初上、二五、三四之正）。其旁通卦之象，当错综卦，如鼎旁通蒙，蒙即屯之综卦。合六十四卦言，当伏羲方图之二五、四七行互易。

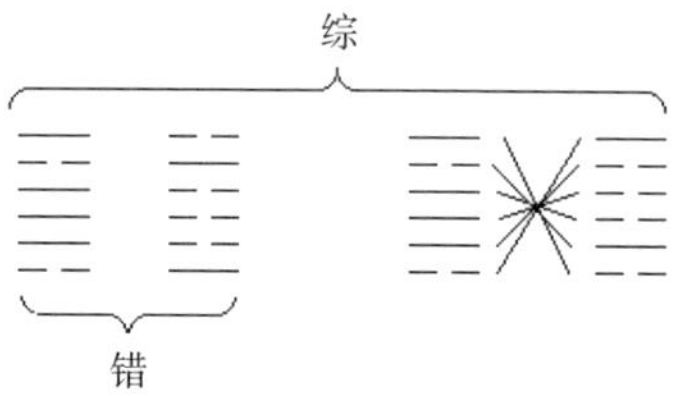

三、合爻惕龙之正（即初二、三四、五上之正）。其旁通卦之象，当错综卦之初二与五上爻互易。如损旁通旅，旅即损错综卦恒之初二、五上互易。合六十四卦言，当伏羲方图之二三、六七行互易，又中分以合之。

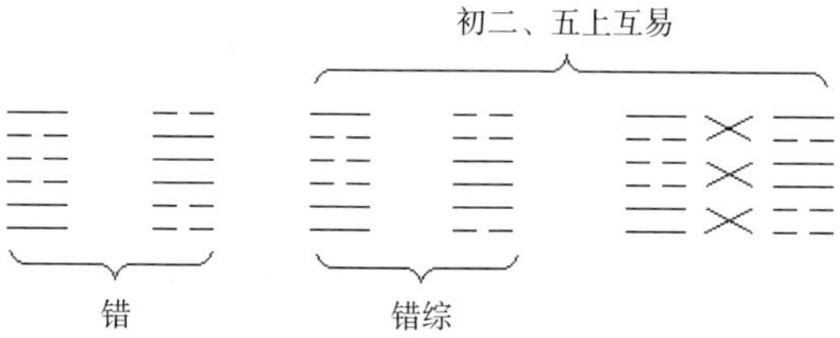

四、保爻潜龙之正（即初上、二三、四五之正）。其旁通卦之象，当错综卦之二三与四五爻互易。如贲旁通咸，咸即贲错综卦井之二三、四五互易。合六十四卦言，当伏羲方图之二五、四七行列皆互易，又中分以合之。

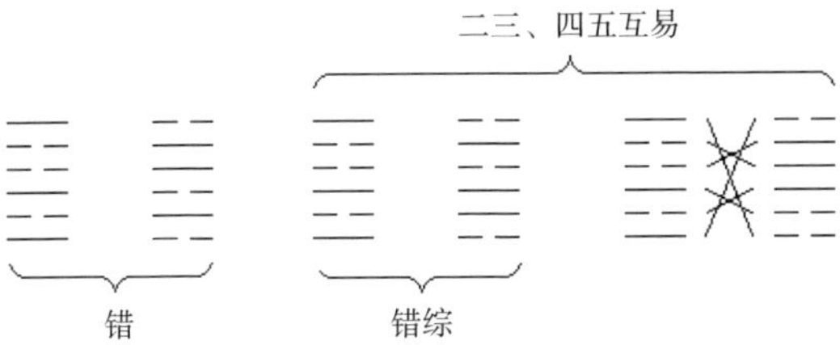

五、驱爻跃龙之正（即初四、二三、五上之正）。其旁通卦之象，当错卦之五上及下互综。如革旁通蹇，蹇即革错卦蒙之五上及下互综。合六十四卦言，当伏羲方图之行易二三、六七，列易二五、四七，又中分以合之。

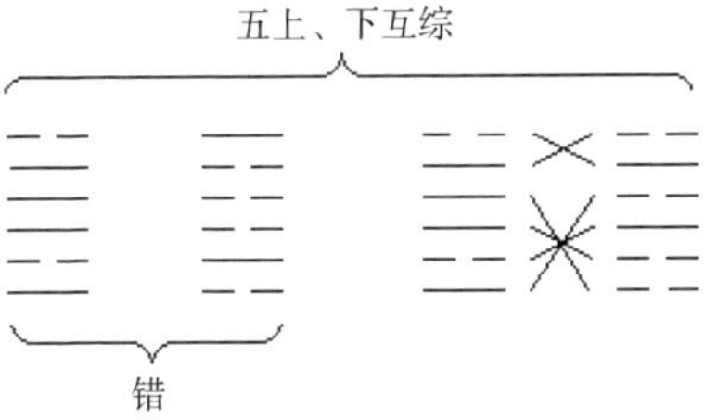

六、接爻亢龙之正（即初二、三上、四五之正）。其旁通卦之象，当错卦之初二及上互综。如家人旁通屯，屯即家人错卦革之初二及上互综。合六十四卦言，当伏羲方图之二五、三七列互易，又中分以合之。

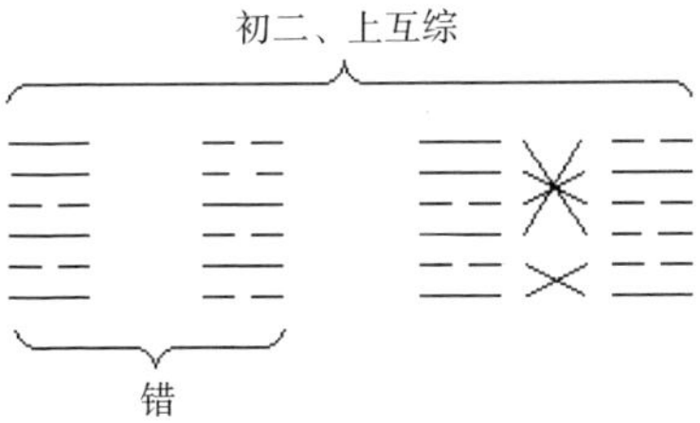

夫错卦之之正，本应比而已。三应六比之配合，自然有六法。由六法以旁通，发挥之情尽矣。考汉易中如虞氏之言旁通甚多，且又及反卦两象易、半象、互象等。然其确切之关系，因原著散佚而不甚了了。清代究汉易者，于收集遗文功亦大矣，而整体之易象仍觉未全。明来氏总合于错综二象，可谓得易象之要。然未明之正，于保合太和之理尚有一间。焦循之一意于之正，于理备焉。然于之正之法象，又未兼及，乃知应而未知比，即唯用两象易之应爻耳，即综象亦未用，故难免有执一之弊。是故兼采先儒之说，合诸卦象之自然，作有《周易格物图》，则之正之法莫有外焉。又述此六法与卦象之关系，举凡汉易取象之法皆有源矣。盖八卦相错，实为观象之本，而旁通者，尚有六法之异。是即一，两象易。二，综。三，综而互易初二、五上，是为分三才而天地交，犹外物之变化非以人为主也。四，综而互易二三、四五，即同功爻互易以同其位，犹人事之变化非以天地为主也。五，分综五上半卦及下互。六，分综初二半卦及上互，犹亲上亲下各从其类也。详见下表（按：表未见）。凡本象与错象之阴阳不同，旁通同错象。

再者，六种正位法之可合伏羲方图，亦决非附会，盖为象数之自然也。绘图八，释之如下。图一，即原图，中分之以合圆图（同原图之错卦），则当初应二，二应三，三应四，四应初，五上本位应。此盖清周世金所作，乃方圆合一（见《易解拾遗》），有可取焉，然尚未合之正之理。图二，行列互易，即当原图之两象易，合于和爻。图三，由二五、四七之互易而成综卦为原图之就爻。此图已见薛学潜《超相对论》。图四，因周氏之理而分奇耦行，则其结果为初应二，二应三，三应四，四应五，五应上，上应初，名之曰旋爻错，犹保爻和爻之综合。图

五、图六乃分当合爻保爻，图七图八则当跃爻接爻，皆移易行列后自然而成，不待安排者也。见附图（按：图未见）。

由上所述，更作总图以明之：

六龙旁通图

本象		乾 夬 大有 大壮 小畜 需 大畜 泰 履 兑 睽 归妹 中孚 节
错象		坤 剥 比 观 豫 晋 萃 否 谦 艮 蹇 渐 小过 旅
旁通	和	坤 谦 师 升 复 明夷 临 泰 剥 艮 蒙 蛊 颐 贲
	就	坤 复 师 临 谦 明夷 升 泰 豫 震 解 归妹 小过 丰
	合	坤 比 剥 观 谦 蹇 艮 渐 豫 萃 晋 否 小过 咸
	保	坤 复 豫 震 比 屯 萃 随 师 临 解 归妹 坎 节
	驱	坤 比 剥 观 复 屯 颐 益 师 坎 蒙 涣 临 节
	接	坤 谦 豫 小过 比 蹇 萃 咸 剥 艮 晋 旅 观 渐
本象		损 临 同人 革 离 丰 家人 既济 贲 明夷 无妄 随 噬嗑 震 益 屯 颐 复
错象		咸 遯 师 蒙 坎 涣 解 未济 困 讼 升 蛊 井 巽 恒 鼎 大过 姤
旁通	和	损 大畜 比 蹇 坎 井 屯 既济 节 需 观 渐 涣 巽 益 家人 中孚 小畜
	就	恒 大壮 比 屯 坎 节 蹇 既济 井 需 萃 随 困 兑 咸 革 大过 夬
	合	旅 遯 复 屯 颐 益 明夷 既济 贲 家人 震 随 噬嗑 无妄 丰 革 离 同人
	保	困 兑 谦 明夷 小过 丰 蹇 既济 咸 革 升 泰 恒 大壮 井 需 大过 夬
	驱	损 中孚 谦 蹇 艮 渐 明夷 既济 贲 家人 升 井 蛊 巽 泰 需 大畜 小畜
	接	否 遯 复 明夷 震 丰 屯 既济 随 革 颐 贲 噬嗑 离 益 家人 无妄 同人

按：以下三十二卦，即以错象为本象，则本象又为错象，其旁六象皆成错卦之象，故可略。凡此图及上文，他日将收入《周易格物图》。

郦炎百里说——郦炎字文胜，范阳人，郦食其之后。有文才，解音律。灵帝时，州郡辟命皆不就。性至孝，遭母忧病风，妻始产而惊死，妻家讼之，炎病不能理对。熹平六年死狱中，年二十八。卢植（与康成同学于马融）为之诔赞，以昭其懿德（详见《后汉书·本传》）。按炎解“震惊百里”曰：“易震为雷，亦为诸侯，雷震惊……夫阳动为九，其数三十六，阴静为八，其数三十二。震一阳动二阴静，故曰百里。”此说殊妙，较虞注自然，其时亦略早于虞。荀注大过七八九六之说，炎亦取焉（荀长二十二岁），可见阴阳动静之说当时极流行。若因而推之，三男皆百，三女一阴动二十四，二阳静二十八而五十六，合为八十云。然一阴一阳之位，仍宜分辨。图之如下：

8 — — 32	8 — — 32	9 —— 36	（三男皆百）
8 — — 32	9 —— 36	8 — — 32	
9 —— 36	8 — — 32	8 — — 32	
100			
7 —— 28	7 —— 28	6 — — 24	（三女皆八十）
7 —— 28	6 — — 24	7 —— 28	
6 — — 24	7 —— 28	7 —— 28	
80			
8 — — 32	8 — — 32	9 —— 36	
8 — — 32	9 —— 36	6 — — 24	
9 —— 36	6 — — 24	6 — — 24	（廷自注，此六子之分未确切，略备一说耳，宜观下列二十种总图）
100	92	84	
7 —— 28	7 —— 28	6 — — 24	
7 —— 28	6 — — 24	9 —— 36	
6 — — 24	9 —— 36	9 —— 36	
80	88	96	

由是可见八十至百之变化。若合以乾坤动静，更有三动三静及一动二静、一静二动之别，亦图之如下：

9 —— 36
9 —— 36
9 —— 36
108
（阳动）

7 —— 28
7 —— 28
7 —— 28
84
（阳静）

7 —— 28
7 —— 28
9 —— 36
92
（阳一动二静）

7 —— 28
9 —— 36
9 —— 36
100
（阳二动一静）

（凡一动一静各有三种变化）

6 — — 24
6 — — 24
6 — — 24
72
（阴动）

8 — — 32
8 — — 32
8 — — 32
96
（阴静）

8 — — 32
8 — — 32
6 — — 24
88
（阴一动二静）

8 — — 32
6 — — 24
6 — — 24
80
（阴二动一静）

虞注百物，即用阳三动之一〇八，实则可用二动一静。盖动则以爻视之，静则以象视之云。至若阴阳动静之三画变化，除上十四种（三男皆百，三女皆八十，各当一种）外，尚有六种，见下：

9 —— 36
9 —— 36
8 — — 32
104

9 —— 36
7 —— 28
8 — — 32
96

7 —— 28
7 —— 28
8 — — 32
88

6 — — 24
6 — — 24
7 —— 28
76

6 — — 24
8 — — 32
7 —— 28
84

8 — — 32
8 — — 32
7 —— 28
92

以上皆以三画言，推及六画义同而更多变化，另详。今即此二十种，总图之：

7
28
84
28 28
7 阳静 7

8
32
96
32 32
8 阴静 8

9
36
108
36 36
9 阳动 9

6
24
72
24 24
6 阴动 6

7
28
100
36 36
9 一阳静 9
二阳动

9
36
92
28 28
7 一阳动 7
二阳静

8
32
80
24 24
6 一阴静 6
二阴动

6
24
88
32 32
8 一阴动 8
二阴静

此八种为纯阴纯阳，以动静别之。凡一阴一阳之动静犹六子。

9 36 84 24 24 6 一阳二阴 6 动	7 28 92 32 32 8 一阳二阴 8 静	6 24 96 36 36 9 一阴二阳 9 动	8 32 88 28 28 7 一阴二阳 7 静	此四种阴阳之动静同

9 36 100 32 32 8 一阳动 8 二阴静	7 28 76 24 24 6 一阳静 6 二阴动	6 24 80 28 28 7 一阴动 7 二阳静	8 32 104 36 36 9 一阴静 9 二阳动	此四种阴阳之动静异

以上八种为一阳二阴或一阴二阳，其二阴二阳之动静皆相同。

9 36 92 32 24 8 一阳动 6 二阴一动一静	7 28 84 32 24 8 一阳静 6 二阴一动一静	6 24 88 28 36 7 一阴动 9 二阳一动一静	8 32 96 28 36 7 一阴静 9 二阳一动一静	此四种中之二阴二阳各为一动一静

更以积数之次序之，见下表：

108	104	100	96	92	88	84	80	76	72
三阳动 父	二阳动，一阴静 女	一阳动，二阴静 男	三阴静 母	一阳二阴静 男	一阴二阳静 女	三阳静 父	一阴动，二阳静 女	二阴动，一阳静 男	三阴动 母
		父 二阳动 一阳静	女 一阴二阳动	父 一阳动二阳静	母 一阴动二阴静	男 一阳二阴动	母 二阴动 一阴静		
			女 一阴静 二阳一动一静	男 一阳动 二阴一动一静	女 一阴动 二阳一动一静	男 一阳静 二阴一动一静			

文王名卦，变化不测，间以二字名之而其义相对者，分以下三类：

一、大小相对　大畜—小畜　大过—小过

二、有无相对　大有—无妄

三、既未相对　既济—未济

夫大小者，数也。畜之大小，明所畜之物或大或小，大小兼多寡，盖以空间言。过之大小，明所过之时或大或小，大小兼久暂，盖以时间言。凡时物之分辨必以数，是即大小云。观物之大小，极于有无，唯无妄乃能有大。不诚无物，无妄者，诚也。舍诚而争有，小畜尚不可得，遑论大畜哉。若万物皆备于我而大有，必本反身而诚，易象无妄之综为大畜。又时之过，小尚未可，况可大乎？生乎今之世，反古之道，如此者灾及其身者也。究卦之时义与时用，所以补失时之过耳。考时之分，尽于既未。未济为过，恍惚乎过去未来而未得乎今之时。既济者，犹时中也。然时中之今刹那而变，故一执既济之象，即成未济。宜过不胜数而贞一难求，必补过以臻无咎。由观过而知仁，斯乃复则不妄，犹既济乎？

故君子者，本无妄而畜。畜由小而大，以至大有，乃备万物。若因畜而过，未能日新其德所致，是即未济。畜小而过小，畜大而过大，此其常也。然能造次颠沛于诚，则何以因畜而有过，不幸而有，已及时改。故畜则由小而大，过则由大而小。由大畜而达大有，亦即由小过至无过而成既济。如是以得时物之中，易道在焉。

丙编：如篇集

自序诗

如实来虚室安居，籁鸣妙窍鬼神舒，玩境观物水山适，槖籥道元孚豚鱼。

读马老一浮诗集后（有序）

一九六五年夏，马老末次来沪，犹访于上海大厦，略谈《易经·杂卦》之义。忆诸师友已作古大半，往事丛集，庶味诗境之旷达，乃睹时轮之永转焉。

满纸禅机情溟达，晋玄宋理默寻思。观生未暇牵尘务，复性迟归属坐驰。蜀水朝云宜避寇，西山皓月独吟诗。智通了见穿圆镜，住世雅怀孰弄姿。

悼念薛公育津（有序）

一九七三年十月二十八日，随薛府亲族至无锡梅园公墓，安葬薛公育津。夜寓旅社，不胜哀思，念兹以成此律。

卅年受业疑如昨，临穸心铭确乎清。慧深理哲儒道释，思贯东西一古今。八卦三时形变象，阴阳五度幻藏真。神寂太湖梅林翕，祖茔遥对近伴孙。

游北京雍和宫

喇嘛神咒哞，雍和密教宫。氤氲欢喜佛，夙业吉凶风。研几微观境，核酸基因空。壶中真消息，德生有德衷。渐陆羽仪则，三界一何蒙。如魔[1]娑婆惊，地狱作鬼雄。

游苏州西园

阿罗汉果宿业通，自在自得自心中。五百神象五百理，一理一觉三界冲。抱膝长臂双合掌，淡然凝然敬止恭。腹转婴儿顶上站，喜笑赢得众儿童。手印妙参出世趣，五指屈伸情无穷。长眉浩然气血变，降龙伏虎青白红。宝扇扇风添炉火，剑仗飞舞制顽凶。或怒或愁或深思，或语或默或朦胧。疯僧扫秦济颠痴，妇稚知名醒世风。觉觉无碍入法界，三世如来慈悲衷。菩萨大愿四山立，出入无疾弘道功。四面观音观十方，普陀道场法雨濛。千手救援千般苦，法华普门耳根崇。九华宝山地藏刹，成佛誓待地狱空。五台文殊化杜顺，二千行门气势充。普贤骑

① 雍和宫之如来象，现魔相。

象入峨嵋，十愿无尽道无终。善财同归西方土，阿弥陀佛琉璃宫。弃小从大天亲悟，灵山一会仰大雄。大雄宝殿庄严相，觉照圆满顿渐融。数极秭兆不可说，心佛众生事事同。

希夷先生卧像赞（有序）

西岳华山，宋陈抟归隐处，《先天图》赖以传出。山麓玉泉院，迄今供祀之。院旁石屋中刻有卧像，瞻观而赞之。

乾兑离震，巽坎艮坤，自然易序，逍遥本源。伏羲心法，众妙之门，三传邵氏[①]，成性存存。周流西出，微积二元，圆图方阵，形数推尊[②]。玉泉石象，羽服翩翻，神安酣睡，万古天根。

① 陈抟图南以《先天图》一传于穆修伯长，伯长再传于李之才挺之，挺之三传于邵雍尧夫。尧夫当公元 1011—1077。

② 德人莱布尼茨（Leibniz）当公元 1646—1716，发明微积分后，见伏羲《先天图》大惊，曰其算数之理，伏羲已知之矣。

游华山（有序）

华山系道教中心之一，全山道观有数十处之多，皆宏伟。自玉泉院上山顶，分东西南北中五峰。半山曰青柯坪，其下犹平淡，其上经千尺幢一线贯通，始另有天地。历代道者本自然之胜景，为之修葺。有神话，有人事，有幻想，有奇迹，仙境恍惚，人道崎岖。今由下及上，以吟之于五峰，盖本生生之次，亦以见羽士之精心慧思焉。

华岳白帝镇，五峰彩云低。攒宵矗立劲，横置南郭几。即鹿玉泉院，虚卧觉痴迷。登山景色变，九陵屈曲跻。扪虱良贵具，傥来作物奚。逃秦阿房女，隐迹情苦悽。修性真幻境，庙边芳草萋。大小上方峭，绝壁鸟径蹊。闻有高人在，无缘共研几。青柯坪上啸，迴心石下咦。千尺幢中攀，一线步天梯。喜穿百尺峡，嶙峋呈嵚崎。老君出函谷，调息挂耕犁。玄玄众妙聚，习坎北峰栖[①]。终始苍龙见，岭脊履道敧。战兢神凝踵，投书笑昌黎[②]。巨灵擘山掌，五指参差齐。如睹推山力，惊雷飕风弥。鹞子翻身惕，东峰探胜奇。欣开道教场，不语观棋[③]。

① 北峰壬癸水，卦象坎，老子西出函谷后居之。天一生水，道家始焉。

② 北峰面对苍龙岭，卦象当艮，岭终始以出震龙。昌黎既上而不能下，有投书痛苦之趣事。

③ 东峰卦象震，水生甲乙木，以陈抟当之。经鹞子翻身之险景，以游下棋亭。传说为陈抟与赵匡胤之下棋处，赵负即以华山赐陈，故陈开华山为道教之道场。

南天门放旷，长空栈险巇。向道凿洞勤，升降精气提。莫作舍身岩，郁恼辨端倪。知仁当观过，贺祖向明离[①]。箫吹成章曲，凤舞鸣缉熙。史玉翩跹乐，联翩亲斗箕。雅看四陆岙，畅心银河漪。中峰谐峦韵，濙莹赏巇霓[②]。道器变通业，仙凡辅车依。婴儿沉香斧，救母荆棘披。宝莲灯光闪，七日复晨曦。谷式归无极，不离天下谿。塞兑不为先，圣母西峰居[③]。绝顶雁宜落[④]，金天虎尚饥。夕死朝闻道，上出无穷期。无涯随有涯，道纪自然夷。

游光福（探梅访柏）

汉柏何辜雷电劈，春回缱绻感天心。清盈矢直窥傲骨，古奥弦斜赏宫音。怪卧枯空东西觉，奇悬摧折上下箴。千年幻影流光转，雪海香滔计昔今。

---

① 南峰卦象离，木生丙丁火，以贺祖当之。入南天门，有长空栈之险景。传说贺祖学道时，师教以凿山洞为修炼处。然一洞甫成，师即让于他人修炼，复命再凿，如是者十余洞。最后长空栈之洞成，师仍将让于他人，贺祖气涌，心实不能再耐，乃推师下涧而独自下山。至迴心石，师已在，贺祖大惭大悟，迴心而道成。

② 中峰卦象艮坤，火生戊己土，以箫史弄玉当之，有吹箫引凤之遗迹。

③ 西峰卦象兑，土生庚辛金，以三圣母居之，有《宝莲灯》沉香劈山救母处诸遗迹。

④ 华山最高处名落雁峰。

游南京莫愁湖

窈窕丽姝善自愁，莫愁莫愁愁更愁。遥望家园空抑郁，洛阳远归父母忧。浣沙湖滉日复日，思随云飞秋又秋。辛劳悲惋病魔缠，绝代红颜赴冥幽。柔顺绰约动人怜，愁态熏心感公侯。名湖莫愁新亭泣，憺恬胸怀宜消愁。三度重游三度变，废兴布局胜棋楼。芙蕖初谢实正结，莫哀江南志士羞。

扬州怀古

二分明月娇纽约，西子瘦憎小金山。昙谢迷楼悲恨怨，纤呻旷野苦辛艰。鉴真毅渡奈良愿，永叔赍亨淮泗观。十日惨悽梅岭血，甘谀成塔熟眠间[1]。

① 传说瘦西湖之白塔，于乾隆游扬州时一夜造成。

游扬州瘦西湖

静谧勹[1]湖恬澹洁，澄波汀翠绿柳烟。竹篙轻刺银光射，橘核任抛碧水穿。五蕴坐空亭桥影，千秋立命白塔旋[2]。吟堂楼榭琴室曲，残字断碑不胜缘。

游镇江天下第一泉

名泉誉第一，水冒演连珠。三绕中泠静，万嘘白沫喁。气淳海底涌，调息鼻峰虚。堂蔼佳茗品，景澂逸兴愉。

① 勹，包古字，特用之兼取其形，即五亭桥フ，乃瘦西湖之游览区，当长虹桥之大门，今正在修建。

② 白塔四面雕有十二支生肖图，周而复始，典出《大集经》，见《法苑珠林》卷四十。

游镇江焦山

飞湍白沤江浪激，裂崩峣岩暗惊心。削北壅南慈力定，图新吐故慧乡清。云间仰慕三诏客，径溢怀看点帆行。古树风吟旧游忆，情深瘗鹤辞句寻。

游镇江金山

阳明打破江心底[①]，动地浪浮劲岛飏。禅快妙高膺子瞻[②]，鼓惊天荡忆韩梁。蛇妖孽梦传奇笔，法海空归洞屋凉。薰习千年留净迹，雪晴霁喷万梅香[③]。

---

① 阳明游金山，有诗曰："金山一点大如拳，打破淮扬水底天。"

② 子瞻游金山妙高台，有诗曰："长生未暇学，请学长不死。"得死生之几，诚禅机之快语。

③ 法海洞内已空无一物，惟香气仍在。

超山赏梅

拂晓岚香鼻端迎，寒梅霜压壮煦情。嫣红淡绿千亿点，静态悠恣一纯清。宋幹蟠虬椿裂曲，唐花隽雅色轻盈。听泉憩径旋履久，倏忽春归万山惊。

一九七五年三月十三日清晨

途游太湖十八湾（有序）

甲寅新秋，由沪乘专车经常熟、无锡至宜兴丁山，游善卷、庚桑二洞。一日往返，于中午、傍晚皆经太湖十八湾，车中欣赏水天景色，路转形移，殊有佳趣。特美处临湖下车，极目四览，心舒神畅，不可不留其象。

湖光闪耀黄金色，远黛山希澹翠纯。势断屿峰浮标指，风翻云态拓扑[1]真。天蒙水际迎雍丽，峄抹纱纶羡阙宸。韵啸渔舟扬帆速，爨烟茅屋待人归。

---

① 拓扑为 Topology 之音译，或意译为形势几何学。

游善卷洞

岩涎渗滴凝砥柱，霭镇中门象狮俦。影泛垂莲花收放，形开窟佛觉沉浮。同温四季云雾缕，异灖晴雨碧玉湫。济渡洞溪漪溯寂，奇峣幻迹濯手悠。

游庚桑洞（又名张公洞）

瀚海烟雾波涌急，渊洄漩浸岩层空。曲绕折潸雕洞穴，惊叹自然塑造工。大洞寥旷堪走马，小洞局促辗转通。穿隙崎岖向难辨，窦窿峋嵝玉玲珑。煮海干枯鱼鳖灭，洞天福地羽士宫。老子之役庚桑楚，北辞畏垒俎豆风。精气神虚闲居客，壶内逍遥日月丛。留侯云孙道陵裔，观罢龙虎西与东。巧擒玄武探海屋，抟扶直上骑飞鸿。一线天开盘桓出，个中真趣不老松。

祥金（有序）

阅读一九七三年第六期国外科技动态所载《具有记忆能力的特种合金》一文后，忽思此事，或非庄子所知欤？

寓言十九祥金泼，记忆合金重屈伸。闲语唾干坐忘白，包羞大冶作祥人。

游滁州醉翁亭丰乐亭

秀达醉翁丰乐摅，安闲翰沁气怀舒。涵熙生息乐其乐，陡郁隤风滁尚滁。吴笔观音聪无限[1]，苏书也字韵有余[2]。二贤堂外云泉绕[3]，仁孝泷冈德业居。

---

① 丰乐亭壁，有唐吴道子所画观音象之石刻，画笔清雅。

② 醉翁亭畔，有苏东坡所书《醉翁亭记》之石刻，书法圆顺。

③ 后人重修醉翁亭，更建二贤堂以祀欧苏。

读寒山子诗集后（有序）

寒山拾得之心，唯丰干禅师知之，丰干饶舌。饶舌弥陀，舂米唱歌，骑虎显神，净水以治刺史闾丘胤头痛之疾，二士之名始为人知。人知之而寒山隐，拾得化。求其遗迹，徒留诗句以觉人，盖亦天台山国清寺之一佳话耳。今读毕《寒山子诗集》后有深得者三首，凡寒山诗二，拾得诗一，特合易理。续诗三首，以阐明之，名之曰《寒山宅》《十方通》《水精光明》。每首下各附原诗。

寒山宅

一宅六门通，发挥爻乘龙。天碧堂中见，乾元理无穷。房房虚索索，六子神妙功。东壁打西壁，爱恶事物空。烧火煮菜吃，六虚周流风。牛庄先迷宅，可怜田舍翁。一入地狱趣，不见太极中。五维六胞腔①，思量天则同。

附：寒山诗之一

寒山有一宅，宅中无阑隔。六门左右通，堂中见

① 五维六胞腔（five-dimensional six-cell）为数学名词，属正则五维空间唯三种几何图形中之一种。六胞腔者，于《易》为六爻，犹《寒山宅》之六门云。

天碧。房房虚索索，东壁打西壁。其中一物无，免被人来借。寒到烧软火，饥来煮菜吃。不学田舍翁，广置牛庄宅。尽作地狱业，一入何曾极。好好善思量，思量知轨则。

十方通

大宅急离三车在，畜成道行天衢空。阴阳五行河图理，东西纵横处处通。十方世界无上下，八卦消息伏羲宫。睿哉五维十胞腔[①]，个中真意神大同。

附：寒山诗之二

余劝诸稚子，急离火宅中。三车在门外，载你免飘蓬。露地四衢坐，当天万事空。十方无上下，来去任西东。若得个中意，纵横处处通。

水精光明[②]

湛然不居三界隘，水精光明出人天。来去内外何时已，否

① 五维十胞腔（five-dimensional ten-cell）为数学名词，属正则五维空间唯三种几何图形中之一种，又对偶于五维三十二胞腔而可兼二种。故五维之正则空间，理尽于六胞腔与十胞腔。十胞腔者，于《易》当河洛以合乎卦。寒山之意，盖由《法华》以通乎《华严》之十方世界云。

② 水精坎光明离，下离上坎，既济之象。

泰反类年复年。坎离既济贵有定，万国咸宁任道绵。宇宙成毁几许劫，何与佛心朵朵莲。

附：拾得诗之一

无去无来本湛然，不居内外及中间。一颗水精绝瑕翳，光明透满出人天。

未游寒山寺（有序）

既游西园，闻寒山寺仅供外宾游览。不期吟此，聊以自解。

静瞻疯狂褴褛态[1]，枫桥寺深不克临。丰干饶舌岩中隐，张继夜钟言外情。文殊普贤时时在，寒山拾得处处吟。堪笑千古贵守株，空负慈悲指月心。

① 西园罗汉堂门口，有寒山、拾得之象。

游苏州狮子林假山（有序）

苏州诸园林，各尽佳趣，名驰中外，殊非虚誉。若狮子林之假山尤具特色，备睿思之知，有八阵之风。曩日数游之，步迹而已，于堆砌者之构思主旨犹未得也。今者游之记之，详辨曲折之山径，乃得全山之图形。依形索象，成象证形，始识堆砌者之心。缘由小桥入山，道分左右。左曰仁，其象龙；右曰义，其象虎。龙形善变，宜入其门，辗转而不能出。盖此道之极，中有一室，居仁之谓也。室旁多口，入山皆反复此道，象当团龙山居，精气内旋，抱真守璞，震其出矣乎。虎形善行，宜入其门，旋即离此团龙之山。循曲径以行，可达长廊，由义之谓也。此径旁山临水，外境不时而异，象当奔虎离山，游魂外驰，畅览万物，兑其说矣乎。出震息兑以成乾，乾位西北，特于西北隅筑一石舫。登舫以观游人之游山，穿梭不已，其象毕见。有不耐者爬山以出，不觉莞尔。传曰是山之成，出名画家倪云林之手，或证其非，然未闻果出何人。以理推之，必系元代好学深思之士，以遯迹于石匠者。亟宜以诗表出之。

万石云深曲隈幽，奇几八阵坐舫收。盘极龙虎欧拉[1]角，

① 瑞士人欧拉利昂纳德（Euler, Leonhard）当公元1707—1783，于数学能导出变分法之欧拉方程等。有欧拉定理，于角之变化可推至多维空间。

立宗聪慧箕子畴。多门翕转空斋冷，独行景移寂廊忧。潭桥小渡真幻彻，巧夺天工遐心留。

大黑洞吟（有序）

在宇宙中，若银河系者，其数无穷。每一银河系，或归宿成一大黑洞（Great Black Hole）。凡大黑洞之中心吸力，光速尚不能外出，乃时可逆行云。今世界各著名之天文台，皆在设法以探测之。

色蕴访君妙，韬光保魄魂。荡寂微怀射，绵躬法界吞。

輓先父潘公智闻（有序）

先父于光绪十三年丁亥（公元1887）十月初十巳时，生于上海浦东洋泾东镇老宅。于戊申（公元1969）十二月十七亥时，卒于香港大屿山东涌罗汉寺，享年八十有二。己酉正月廿一为五七开吊之期，设奠于香港光明讲堂，亲友吊唁，数近千人。不肖子不克奔丧，哀何如之。遥凝南天，泣血輓此。

乘愿始来，扬祖德，光宗族，泽乡里，兴故国，亲亲长长，放诸四海乎。佛法慈悲，乃萃无穷宏志，恳待后继。

业满赋归，离火宅，登净土，会灵山，证宿因，子子孙孙，收入一心未。家传节孝，毋困扩推仁恩，愧对先人。

輓薛师育津

历代祖泽所钟，悟伏羲易以五度，空时电磁物，宇宙莫外，相对论瞠乎后矣。痛阴阳噬嗑大有，殉之何忍。

一生算数是崇，得黄帝尺于铜斛，律历度量衡，政本攸归，米突制奚足道哉。惜黄钟未济同人，理其灭欤。

輓沈老瓞民

离畴得朋，三易崇新，演分二，玩世魂，反复不衰，会心各集虞翻义。

家学有主，管子探本，几出入，辟消息，卦气所感，无缘同研《太玄经》。

五十自誌

百岁难达思过半，革命乐观乘东风。欢欣自内近取喻，不悔当年学屠龙。

初见白发[1]

理发惊呼二毛斑，未度昭关空自衰。壮观宇宙强不息，志玩顺逆笑未悲。业识代谢如是理，性命制化阴阳参。环中齐物动其静，畅语沧浪基因安。

---

① 初见白发，时年五十二岁。

宇宙五吟

前　言

宇宙五吟者，吟地球、吟地月交通、吟太阳系、吟银河系、吟河外星系，凡二十世纪七十年代之科学成就尽量收入。合诸内典，地球上之生物，其犹娑婆世界欤。外及太阳系犹小千世界，银河系犹中千世界，河外星系犹大千世界。三千大千世界，莫非法界，有已乎，无已乎，归诸五维空间，其至矣乎。

若人之足迹，已能迈步月卫。虽近在咫尺，然天体交通尚属创举。吾人适当其时，盖亦幸矣。他日必将由小千而中千，中千而大千。弘道任重，胜天贵定，人其勉诸。

一、娑婆世界地球吟

太阳系中地球躔，史有五六十亿年。天文时期约半数，浑沌弥漫激舞烟。阴阳聚散生生理，元气辟阖坤凝乾。轻清上升重浊降，轴转无已地质坚。测量放射同位素，岩壁地层起伏镌。略分五代沧桑觅，倏忽凿窍太古绵。开窍种子天一水，无机有机能所缘。蛋白核酸高分子，原生动物注深渊。单细胞成多细胞，元古十八亿年前。四分八识泛函业，反复熏习日月旋。时逾寒暑十二亿，动植进化现行挛。高等生物次第育，古生化石形象全。动物脊椎无而有，鱼乐浮沉水底天。河滨沼涯两栖繁，爬行远海上山巅。光阴三亿四千万，渐升渐觉上下迁。龙种鼎盛中生代，时乘统御飞潜田。历程一亿六千万，成住坏空六道研。地貌气温甄德业，穷变通久基因延。飞鸟翩翩哺乳爱，善继发挥世世传。新生迄今七千万，树鼩灵长一线联。狐猴跗猴猴猿接，猿人变人面壁禅。三百万年人生得，亚非掘窟认祖先。能人直立玩石块，万载史迹文明篇。伏羲神农轩辕帝，尧舜三代仰圣贤。经纶天地三才立，来复出入道器肩。尽性至命象意达，超越时空玉衡璿。

二、地月交通吟（有序）

地月交通殊非绝后，实为空前，诗材新颖，不可无吟。

人类自为地球主，地心吸力人体牵。航空能辟飞行路，大气包蒙上出坚。爱因斯坦奇材展，时空相对能质连。极限光速四维立，原子放射核力研。数十寒暑经营德，载人火箭奔小千。希腊社神阿波罗，代羿追踪盗药仙。嫦娥不死早预料，玉兔捣成真汞铅。嘘缥冉冉银河绕，广寒宫殿化清烟。幻象破灭业象作，地月交通实空前。地赏月兮月看地，青光巨轮太空旋。细寻大地文明迹，一线长城筑山巅。始皇有知情何在，我国伟绩世无先。岳府迎止鲍鱼驾，游灵亿兆气浪溅。天地交泰事理约，升阶任重后先天。

三、小千世界太阳系吟

立地顶天观穹苍，恒行卫彗引力场。日力引地地引月，相对坐标立太阳。地自迴旋迎昼夜，月迹白道弦朔望。公转椭圆廿四节，南北回归二至长。二分赤道春秋守，四时代序日道黄。黄赤交角廿三度，经纬交错纲目张。东移恒星地轴指，岁差推步极星光。二万五千九百载，元会运世五行藏。纷纭人事夏虫冰，睿知穷研健息强。天施地生日为主，日径百倍大地疆。光射八分十八秒，天文单位日地量。水金地火木土次，天王海王冥王乡。日地日土增十倍，冥王四十气温凉。九大行星殊未已，彗流出入任飞翔。七十六年哈雷至，扫帚闪尾史传详。孛灾客星陨石雨，我国勤观占禨祥。行彗算辨扁平率，愈扁愈远趣大荒。虚飘边际色未见，太阳引力小千扬。人主地球力有余，飞登月卫壮志昂。金火遨游时非遥，遍步行卫后世昌。手抚玉兔今已抚，足履金乌思非狂。主地主日人弘道，立日顶天银河章。

四、中千世界银河系吟

壮澜运斡银河廓，两肩旋涡太极仪。五十中厚四方薄，河图相得耦与奇。厚度光年一万六，十万光年直径规。星云恒星飘然积，核心玄虚生气颐。恒星一千五百亿，星云逍遥自推移。人主太阳恒星一，位处左臂引力提。二百八十秒公里，日绕银核辗转驰。二亿年尽周期复，三万光年极心离。地窥恒星天呈象，北辰居所众星师。衡殷南斗杓龙角，魁枕参首玑权知。紫微天市太微区，三垣四官十二支。南天星象步天补，地球天球相对持。天球赤道廿八宿，玄武青龙贞元祇。箕斗之乡坐标设，银河平面挺拔枝。六十二度赤道准，银经银纬信有之。倍日质量二千亿，密度分布甚差池。天象旻深探几亹，赫罗图载绝妙辞。恒星亮度感性得，绝对星等光度咨。银河光度负十八，十亿日光比雄雌。光谱色彩体温测，红低蓝高寒暑司。七月流火心宿二，冷巨星型冰雪姿。星云凝聚曰星胚，向内压缩恒星基。昴团点点脱胎出，光芒散射蓝热绨。恒星幼年再压缩，中年主序行淹迟。高温能源气未竭，热核反应物化滋。老年星型红又巨，膨胀无已扶疏摛。摛极临终造父变，五车星旁残骸遗。恒星年岁逾百亿，生老病死命有时。太阳年约六十亿，杞人忧天情太痴。数光年内比邻客，恒星通泰初在斯。天衢离合同异相，轮回变化造物私。生息妙境黑洞吸，时空风光匪夷思。智通银核观幻迹，中千世界始生资。银河波平待上出，河外星系大千慈。

五、大千世界河外星系吟

河外星系玄妙游，每一星系银河沟。银核极心犹可指，大千至赜宇宙幽。数逾十亿今已见，愈暗愈多密聚稠。不可说不可说转，边际无穷十方休。详观星系氤氲气，中千成象试推求。三维空间说三维，球心渐分化椭球。约分七级辨椭型，嗫喷含章六虚流。两心睽乖子午卫，纺锤旋涡阴阳仇。正常旋涡直轴曲，两臂随核憧憧逑。核心小大各分三，柔滑曲线力自悠。椭球涡生两臂业，窒碍重重羽仪忧。射电源测类星体，惊人红移能源遒。退速几与光速近，体小始凝四维谋。双曲光锥终不遇，黎曼张量六龙揉。红外紫外见不见，天文发展不系舟。真空尚有三度开，有机分子处处浮。百亿光年距难定，其出弥远寡知羞。三界出入孰无疾，姤复消息玩盾矛。四十八方尔格能，星系爆发显刚柔。引力半径未足语，大黑洞非芥子俦。魂主五维乐莫大，魄归胞腔反身修。十大行愿缘无极，三千大千一念周。天国净土任君说，无神泛神马与牛。习坎心亨识转智，觉满既济离祉畴。

輓忘年交姚景周兄[1]

乐天命，参象理，达然欣然，物如真如，丽泽推心恍无迹。

究地质，体世情，凝之积之，钦若惕若，剥床切肤患有身。

① 景周兄学成于京师大学，任职地质部，数十年如一日。退休来沪，共同研《易》，无间寒暑。不期病中尚罹剥床之患而逝，痛哉。

輓忘年交刘公纯兄[1]

慎独笃实醇乎儒，不厌不息，复性俞俞，终日攸好德。奚期宏愿无虚，辞尘恁亟。

收心坦荡唸于净，依密依宗，唯识兢兢，弥老增慈容。孰料颖悟有秉，捨法斯空。

輓熊师十力

耕读传家祖德缵，《公羊》三世，《原儒》《乾坤衍》，何密云纷扰，奇晖钟玉铉。

勤劳立业善性真，野鸭一群，辟佛唯识新，观红日展朗，义愤慰玄因。

① 公纯兄学成于燕京大学，终身治学，追随马老、熊老、梁老，登堂入室，乐之不厌，基于儒而通乎二氏。廿年前定忘年交于杭，不时会面。寿享八十，不幸中风，病逝于京。宏法大愿犹未大显，惜哉。

* 美国二百年吟（一七七六—一九七五）

英人殖民至美洲，同宗噬肤因税收。起义司令华盛顿[①]，独立战争八年忧。

一七七六当纪念，屯邅建国惊全球。立法行政司法职，三权分治制宪谋。

身任总统第一届，斧与樱桃佳话留。毅力由己机在外，善继前人朝气修。

政哲名家杰斐逊[②]，独立宣言自由魂。追求幸福天赋权，科学人文兼相尊。

民主党史由是起，个性容忍风度温。一八一二至一五，独立战争二次成。

依赖英国彻底绝，经济自主善经营。门罗总统[③]主义创，至日闭关兴国根。

资本发展百工备，欧人势力未许渗。美洲人治美洲地，摆

---

① 乔治·华盛顿（George Washington，1732—1799）。1775 年 4 月 18 日夜，美国人民在波士顿开第一枪反英，至 1783 年英美在巴黎签订合约，为八年独立战争，华盛顿任大陆军总司令。间于 1776 年 7 月 4 日，大陆会议通过《独立宣言》，战争进入新阶段，是日为美国国庆节。于 1789 至 1796，华盛顿任第一届总统。

② 托马斯·杰斐逊（Thomas Jefferson，1743—1826），《独立宣言》起草人，于 1817 至 1824 任第三届总统。

③ 詹姆斯·门罗（James Monroe，1758—1832），于 1817 至 1824 任第五届总统。当 1823 年，发表《门罗宣言》，即门罗主义，主张“美洲是美洲人的美洲”，反对欧洲势力渗入。

脱一切殖民痕。

白宫宜有人民入，民主有则杰克逊[①]。君轻民贵反集权，扩大选举民意伸。

数十年内领土得，欣欣向荣万马奔。工农殊途矛盾立，奴隶自由南北分。

各州权重尾不掉，治国奇才属林肯[②]。对人莫不垂怜悯，不论何人不怀恨。

共和党章国为主，中央制州相辅存。分裂家庭持久难，解放黑奴性情真。

为利孳孳无正义，私欲逐逐突如焚。以身殉国了业报，深怜寡妻病精神。

全国怀念共和勋，林肯虽死不异生。党派众多主有二，民主共和晨与昏。

在朝在野志未歇，眈眈虎视窥乾坤。百年美国睹闯劲，工业飞跃观朝暾。

环境适宜万物育，绘事后素随心图。科技革新人类责，产量丰盛广积储。

---

① 安德鲁·杰克逊（Andrew Jackson，1767—1845）出身于平民，1829 至 1836 任第七届总统，进一步实行民主制，巩固民主党，且有所发展。

② 亚伯拉罕·林肯（Abraham Cincoln，1809—1865）于 1854 年成立共和党，与保持奴隶主利益之民主党对立。1861 至 1865 任第十六届总统，是时南方奴隶制盛行，故相继有十一州宣布脱离联邦，乃南北分裂。自 1861 至 1865 为南北战争，林肯于 1862 年九月颁布《解放奴隶宣言》，规定自 1863 年元旦起，所背叛联邦各州内之奴隶，都被视作自由人。又林肯妻玛丽·托德出自肯塔基名门，岳家政见不同，初于 1841 年元旦解除婚约，继与 1842 年 1 月 14 日和解结婚。自林肯任总统后，其妻左右为难。当林肯被刺，其妻在侧，当场发疯，以精神病终。

生产关系难相应，贫富不均甜与苦。马恩[①]著作络续刊，共产思想大声呼。

剩余价值症结在，反抗剥削贫民苏。第一国际支部立，工人运动德不孤。

一八八六罢工旗，争取工作八小时。国际劳动“五一”节，永远纪念胜利期。

十九世纪进二十，产品激增天下驰。环球产量三占一，工业垄断托拉斯。

寡头金融财团八[②]，六十家族掌权私。资本势变帝国暴[③]，劳资纠纷党派危。

共和三任身被刺[④]，腐弊政治令人疑。麦金莱死幸有继，扩张政策事理滋。

---

① 马克思（1818—1883）、恩格斯（1820—1895），共产主义创始者。二人之文章，于1853年起，陆续发表于美国之《纽约每日论坛报》。于1857年5月起，又为《美国新百科全书》撰稿。当1867年，已成立第一国际美国支部，极重视美国资本主义之发展状况。《资本论》第二卷所以延期出版，亦欲征引美国情况，以证实其说。惜乎终马克思一生，尚未见其究竟。恩格斯于1888年，曾往美国旅行考察，亦为时所限，未能见其潜力云。

② 20世纪初，美国出现八大财团，即摩根、洛克菲勒、库恩·罗比、梅隆、杜邦、芝加哥、克利夫兰、波士顿财团。又全国有缙绅家族六十，殊能操纵经济、控制政权。

③ 列宁（1870—1924）于1916年写成《帝国主义是资本主义底最高阶段》一书，实能继承发展马恩之思想。

④ 第十六届共和党总统亚伯拉罕·林肯于1865年4月被刺身死，第二十届（1881）共和党总统詹姆斯·A·加菲尔德（James A.Garfield）于1881年9月被刺身死，第二十五届（1897—1901）共和党总统威廉·麦金莱（William McKinley）于1901年9月被刺身死。

西罗斯福才艺多[①]，重复活力守国基。武力战胜西班牙，不吞古巴欧人钦。

开通运河巴拿马，日俄战争仰调停。东西半球事必及，初有建立国联心。

巴西探险河渠测，非洲三驱动物擒。平易近人生气足，信念强烈责模棱。

著作等身通信勤，缺点宜在优点寻。尊重女权西人性，争取自由女工音。

一九零九三月八，罢工怒潮不平深。国际劳动妇女节，男女平等协力歆。

威尔逊[②]任总统职，改革教育师道崇。幽默体人部下乐，化人乏术气未充。

国际争端势难免，世界大战鲜血红。创设国联成虚话，志大才疏沉默终。

胡佛总统[③]功不灭，科学概念日日新。政教合一前程远，

---

① 西奥多・罗斯福（Theodore Roosevelt，1858—1919）。美国有谚曰："建立美国的是华盛顿，维护它的是林肯，使它重获活力的是西・罗斯福。"可见其历史地位。初任麦金莱副总统，麦金莱被刺后，于 1901 至 1908 继任，当二十六任总统。一生活力充沛，政治生活外，又为探险家、博物学家。各类学问皆有著作，通信有十五万封以上，可云惊人。

② 伍德罗・威尔逊（Woodrow Wilson，1856—1924），于 1913 至 1920 任第二十八届总统，恰当第一次世界大战，能承西・罗斯福之志，于战后创议设立国联，然不敌国内反对派，国会未予通过而竟不参加，非一大憾事乎。亦美国之不幸，有以显其自私之陋见。

③ 赫伯特・C・胡佛（Herbert C.Hoover，1856—1924），于 1929 至 1932 任第三十届总统。于未任总统前，曾来吾国。考自 1900 年普朗克（Planck）建立量子论，1905 年爱因斯坦（A. Einstein）建立狭义相对论，1916 年又建立广义相对论，科学概念已大异于牛顿（Newton）力学之概念，世界图景亦截然不同。胡佛能援入政家，大力支持用新理论研究，数十年内科技日进，其功未可没也。

放射能源原子驯。

事与理违阻力溶，经济危机万民辛。企业倒闭金融乱，失业工人怒目瞋。

富罗斯福[①]行新政，与苏建交尚睦邻。投资建设助企业，力转危机解愁颦。

国内略舒国际紧，讹诈骗欺纵横嚣。繁荣军工收渔利，二次大战灾无垠。

日寇偷袭珍珠港，事出意外全国振。努力抗御反侵略，登陆法国决胜因。

四届连任无前例，开罗会议万象春。联合国成志未一，心疲力竭职殉身。

杜鲁门[②]继承大业，原子弹炸战火湮。金圆王国霸权立，世界宪兵任意巡。

新老殖民自私似，狂妄难济战后民。五星上将空策划，帝国孰悟天下纶。

---

① 富兰克林·德拉诺·罗斯福（Franklin Delano Roosevelt，1882—1945）。富·罗斯福系西·罗斯福之远房堂弟，其妻安娜·埃莉诺·罗斯福系西·罗斯福之侄女，于1905年结婚。婚后一心于政治活动，全受西·罗斯福之影响。当胡佛总统任职时，发生经济危机，富·罗斯福即以解决危机号召而当选为第三十二届总统，自1933至1945。上任后行新政以解决国内之经济危机，于国际毅然与苏建交，皆有独见。爆发第二次世界大战后，尚能坚持正义，共同击溃德、意、日之侵略。奈精力枯竭而死于任，盖其知远不如尚大三岁之斯大林（1879—1953）。

② 哈里·S·杜鲁门（Harry S. Truman，1884—1972），初任富·罗斯福之副总统，1945年4月，富·罗斯福病逝，乃于1945至1952任第三十三届总统，以奏第二次世界大战之尾声。初试原子弹，可见掌握之能，实已深及原子。奈生人之事，每显用于杀人，非人类之颠倒见欤。战后美国之狂妄，皆坐此失。五星上将何用之有，易简之理以经纶天下，其可杂以私见乎哉。

联合国中牛耳执，屡屡失策孰与亲。欧美异途市场溢，美苏争霸公理泯。

历史短促殷鉴少，推恩有限难膏屯。生活方式各有适，观光奢浮难尚宾。

肯尼迪[①]死民主伪，尼克松[②]辞共和沦。二党分化杂乱见，国内国际法消沉。

非洲觉醒咸独立，拉丁美洲不受蒙。亚洲被逼驻军撤，第三世界革命风。

国民志涣经济危，将倒狂澜挽宜公。时轮永转曳者败，自强不息穷变通。

博爱空论实惠至，援助各国贵由衷。利归美国实无利，遍泽后进睿知聪。

改弦易辙事可为，任劳任怨忌居功。自然科学殊有得，飞登月卫[③]动力洪。

探测宇宙胜天定，开发能源海陆空。强电磁弱引力辨[④]，

---

① 约翰·F. 肯尼迪（John F. Kennedy）于 1961 至 1963 任第三十五届总统，当 1963 年 11 月被刺身死。

② 理查德·M. 尼克松（Richard M. Nixon）于 1969 至 1974 任第三十七届总统。1971 年曾来吾国访问，当 1974 年 8 月被逼辞职。

③ 美国设计阿波罗飞船，1969 年人乘之而飞登月球，此于人类史上为创举，初步进入四维空间云。

④ 物之间之相互作用，今知有四种，即强相互作用、电磁相互作用、弱相互作用、引力相互作用，其作用强度相差甚巨。以强相互作用强度为一，其比例如下示：

强相互作用 1　电磁相互作用 10^{-2}　弱相互作用 10^{-10}　引力相互作用 10^{-40}

推而观乎人之间之相互作用，能不以利合者，必大于强相互作用。今或以生活电视之，名尚未确，盖超过电力不知有多少倍，故以反躬为贵。

相互作用四类丛。

基本粒子未基本，深入讨论必反躬。巨大动力人皆有，珍惜自由幸福钟。

科研合作空间廓，造福人类万国融。皕年纪念循此理，皆大欢喜世世同。

一九七五年七月四日　二观二玩斋主吟并注

附　　录

易学的展望*

第一节　宜以象数易统一经学易

以上八章的叙述，似已可了解易学的概貌，基本原有象数与文字两方面。以文化的发展论，当然象数在文字前，如首先有先民山崖洞室的石刻壁画等，然后有文字。以易学而论，迄今尚难肯定何时代的古物确属易学卦爻的象数。直至最近一二十年来才认定，距今三千数百年前已有数字卦，且可结合六十甲子表。证实当时的确已风行象数易，其内容属于卜筮，具有阴阳五行与六爻之象，然与甲骨文字联系极少。而二千余年来盛行的八卦及六十四卦的形象，很难上推至东周初（-770），何况上推至殷周之际的文王。故经学易认为文王据六十四卦序卦之次而系以二篇四百五十节卦爻辞，是完全错误的。然则有关易学的文字，宜纠正"经学易"的误判而考核形成的时间，详已见上。要而言之，今据《左传》昭公二十九年（-513）记载蔡墨回答魏献子的言论，可定为编辑成四百五十

① 本文是未写成的《易学史大纲》第十二章（最后一章）第一节的初稿。

节卦爻辞的下限，地点在三晋地区。此指编辑成书言，并不是指陆续写成四百五十节文字。应知编辑者不是作者，作者非一时一人，似已不可能知其详。主要应归诸编辑者的思想结构，此人为全书统筹安排，可能为之增加百余节文字以成书，主要在卦辞。今究此四百五十节的内容，早已成为具有象数的整体。如果仍思一卦辞一爻辞加以考释，决不能了解《周易》文字的基本意义。此约五千字的卦爻辞，暂以汉初马王堆出土的帛书为最早本，大体与通行本已相似。

今后对易学的展望，略分四方面。第一方面，宜由数字卦发展成阴阳符号卦的象数，合诸四百五十节的卦爻辞。其方法必须逐字辨其象，一字可成一概念之象，若干个概念之象而成句，逐句辨其象而成节。辨六节爻辞之象而成卦，辨卦辞之象而成其变化。辨六十四卦的变化而成其体，辨爻辞分九六的变化而成其用，辨体用变化之象而成易学的整体，始可了解《周易》成书的重要性。凡一字之象，一概念之象，一句之象，一节之象，六爻之象，一卦之象，六十四卦之象，一百九十二刚爻用九与一百九十二柔爻用六之象，合观三百八十四爻爻辞之象，及卦爻体用之象等等，完全为不同的层次。故象数与文字的统一，亦莫善于以当时已存在的象数之理，精读四百五十节卦爻辞的文字。此为象数易统一经学易中卦爻辞的第一步，亦就是约当老子出关之际，孔子三十余岁之时，在洛阳周围开始通行系有文字的卜筮书《周易》。且在成此《周易》的前后，尚有系以其他文字的卜筮书，今已失传，此处不加评论（另详《易学史》）。

继之当以象数易统一经学易中定为孔子所作的十篇，这是研究易学更为重要的资料。首先须认识十篇文字何指？十篇的内容是什么？今亦分编辑者与作者而论。编辑成今本二篇十翼的经学易，已属郑学之徒，时间当东汉晚期。而固执经学易者必执此以为孔子所作，尤属无稽之谈。然形成近二千年的古说，已深入人心，加以纠正需要时间。事实上，卦爻辞的作者极难知其情况，而其总原则可肯定其为卜辞。故以易学论，似可不必逐卦逐爻知其详。而“十翼”的作者，各翼有各翼的内容，尚可逐篇加以考核，绝不必以编辑者（郑学之徒）的思想结构，作为十翼作者的思想结构。这一重要的认识过程，是今日研《易》的主要基础。失此基础，就造成对易学有种种不同的认识。最根本在二千年来的观点，误认为经属文王周公，传属孔子，作者相距有六七百年（指公元前 12 世纪至公元前 6 世纪）。即此而读《周易》十二篇，如何能得其实。凡今本之二篇十翼，实起于公元前 6 世纪至公元后 2 世纪。核实而言，由东汉末的“十翼”，上推至西汉末《易经十二篇》中的“十篇”，尚多不同。合计之“十篇”必多于“十翼”的内容。至于象数易与经学易的所以分裂，基本就在数“十翼”的不同。主要问题就是象数易中有关阴阳五行、六甲五子、天地十数、三才九畴、卦气方位的理论，大部分不数入“十翼”之中，是为易学的最大损失。自汉后五行六气合诸医药等的理论，就与易学若即若离。而五行理论未能经过《易经十二篇》文字以理论控制之，则仍属于未成卦爻辞前的情况，根本不能了解种种层次的象。由是对象数的确切定义每多恍惚，这对象数的发展极为不利。这一关系极微妙而精细的问题，必须渐加体验思考而知其理。故不经《周易》的文字而空谈象数，难免有迷信之诮，恰当坤卦辞“先迷”之象。如能经此卦爻辞的文字，合诸抽象所得的象数，则恰当老子孔子生前的现在。由是以归诸今日的现在，这样就有了客观的哲学意义，是犹坤卦辞“后得主”之象。故三四千年流传的象数易，自然可有纯数学的哲理，与后世不知元亨利贞、统天御天为何物而妄论吉凶祸福的象数，确有差以毫厘失以千里的不同。直至清代的《四库全书》，更严辨经学易与术数易为二而不敢会通之，以至易学的具体作用，始终与经学易的理论割裂，易学亦决不能脱离其神秘性。这一问题的确是当前最需要解决的问题。故利用不同层次象数易的方法，合诸四百五十节卦爻辞后，第二步需要了解合而一之的原理，就是“十篇”中所论及者。

研究易传的价值，就在随时增加对象数发展的认识，而在“十篇”中有其总原则。考“十篇”的形成时间，详已见上。早者，如保存在《说卦》中的易象在编辑成卦爻辞之前，而部分《系辞》当与辑成卦爻辞者同时，这是最重要的易学思想。更有大部分在战国，且有在西汉形成的。重视《序卦》当在三家易之时，更有《杂卦》又在《序卦》后。此核实“十篇”的时间，决不妨碍认识“十篇”的价值。他如京氏易的中心思想，肯定包括在“十篇”中，要在为郑学之徒所不计。当时认为宫世图等不是孔子所作则是，或认为不是认识易学的原则则大误。易学之理，何可认为起于孔子而止于孔子。又《大象》为《太玄经》中所无，当属郑学之徒所增入。写成《大象》的时间，约在秦战国之前后，据其内容似当出于吕不韦食客之手。《史记》考核孔子的作品为“序彖”“系象”“说卦”“文言”四篇。此《彖》《象》为第一部解释“卦爻辞”的文献，属齐鲁易，由杜田生增入，所以晋代出土的汲冢本，最近出土的长沙马王堆帛书本皆无。最重要的卦次问题，当然本诸马王堆帛书本，最合乎卦爻辞的内容。今本《说卦》，已经汉人辑合（另详《易学史》)。由八卦之次而及六十四卦之次，在西汉时通行卦气图及京氏宫气图等，且仅有八卦方位，除卦气图外尚无六十四卦方位。《序卦》《杂卦》有极深刻的意义，然属西汉人的作品，可能如丁宽等人所作。《文言》及《系辞》中释爻诸节文字，当属子思派所作，时间较早。据马王堆本考核，今本《系辞上下》亦经三家易增加不少，已失传很多。

以上概观“十篇”“十翼”的内容，所谓孔子所作的《易传》，已初步复原其作者及其时代背景，庶可了解象数易不合于经学易，误在“十翼”中忽视了象数部分。今后的易学发展，当增入西汉的《京氏易》《易林》《太玄经》三书，亦作为易学的基本思想体系，则象数易自然能统一经学易，更可见以十翼为主的经学易尚不足以包括易学的事实。反之，未经过《易经十二篇》的哲理基础的纠正，何能认识并提高象数易的科学价值。一言以蔽之，凡究象数易者，当重视种种层次的象数，亦就是应当理解历代的现在。故于“经学易”，当重视由老子、孔子生前直至郑玄之卒。其后又必深入理解，由经学易经三玄三教而化诸理学易。能识历代的象数与文字的关系，则不致造成分裂的清易。迄今仍在表面评价汉易、宋易的得失而不知求得其分裂的基本原因，则易学何能发展？或能概而考察三千数百年来易学内容的具体变化，则易象的繁赜亦可化成易简而得其理。故第一点展望，易学必须使象数易统一经学易。

再版《易通》跋

《易通》二篇，苏老五十年前之旧作，出版于1933年，今将再版而下示于予，嘱为之跋。予于三十余年前曾读此，颇赞同苏老之学《易》观点，惜当时尚未识荆。近年来，同执教于华东师大，屡闻教言，获益良多，能重温此书，倍见亲切。

夫《易》之为道，广大悉备，名之曰通，岂易言哉。惟苏老学识之博而有要，始可当通人而无愧。二篇名《绪论》与《广论》，绪之以穷理，广之以尽性，理穷性尽而殿之以《论忧患》，非至命乎？考文王作《易》于羑里，未可证其为必有之事，而此书之成，盖力行于三陈九卦之情，履礼至巽权，节苦而得甘，体此阴阳消息，变此卦爻得失，庶贯摄时空之境，诚合内外之域，古今中外，莫不在其中矣。按古今曰宙，有长而无本标者；中外曰宇，有实而无乎处者。此庄子之说，不可不会通于《乾彖》所谓"六位时成"，探时位相应之史鉴，盈比显易理之妙言。此书于《八卦释义》中曰："至爱因斯坦空间始有四次元，明物质运动于宇与宙之结合中。"是言也，可作为二十世纪认识时空之准则，以之穷易理，其理始达。又生生以时，感通贵中，以时中亨行，蒙有不济乎？反身以修悲智，仁远乎哉！由是以观柏格森之生命哲学，其有取于宇宙之绵延，何可忽视。然生物之遗传密码，于1953年由华生、克里克证实其为双螺旋结构，乃由分子生物学以至量子生物学，正方兴未艾。此生生之易道，于五十年前当然未知，故《广论》之尽性，亟待后人之有以继之，继此以尽人我之性，其性始善。然则此书之再版，既见五十年前通《易》者之识见，亦有以勖勉今之学《易》者，更宜本辩证唯物论之旨有以发展易理，尤贵以通之云。

公元1982年12月

潘雨廷敬跋于华东师大古籍研究所

《周易原理与古代科技》序

近十年来，《周易》一书逐步引起人们的注意，此风不得不知有来自国外的事实。故重视《周易》者，不但限于老年学者，且多中青年，此为极好的现象，能见到《周易》有发展前途。然外籍学者所注意的《周易》，基本以象数为主。因文字方面，虽翻译已普及，而于《周易》文字的翻译，尚难确切。卦爻辞的原义既难直译，其注释又各家不同。以某家的注，或仅以文字训诂迻译，尤非卦爻辞的本义。况《周易》本具卜筮的意义，以卜辞读之固合史实；至于由卜筮的象数，利用文字所内含的象义，以归诸有整体的哲理，此一重要关键，似尚未为各国爱好《周易》者所重视。反之能直接由象数以得《周易》之蕴，如莱布尼茨（Leibniz 1646—1716）有得于阴阳二进制，尼尔斯·玻尔（Bohr，Niels 1885—1962）能以其互补原理取象于太极图等，亦未始非读《易》之一法。而国内学者亦正在百家争鸣研究《周易》的方法论，此又为好现象。能在争鸣中以理解象数与文字的统一而得其整体，则将使传统的《周易》可屹立在现代文化中，而有以使人类文化更上一层楼，斯为今日研究《周易》之目的所在。

考察历代研究《周易》的方法，基本分二大类，古所谓“象数”与“义理”，这二种方法有其特定的概念。如能进一步认识《周易》，自然可见《周易》与《诗》《书》《春秋》等其他经书不同，就在其有卦爻卜筮的时空方位等“象数”，而“象数”本身就有其“义理”。后以文字说明《周易》的“义理”，贵在文字中已有“象数”。故此二大类不妨有所偏重而决不可分裂，当相互贯通。汉后以四部分类，一入经部，一入子部，早已壁垒森严而未敢越雷池一步。虽不乏兼通者，限于时机亦难使之合一。或分观其流则各有其弊，凡专研象数者，根本不读《周易》的文字，亦不知文字的原委，问其“和兑”与“孚兑”、“初筮”与“原筮”的同异，如何能“未占有孚”，何以用九为“无首吉”而比上为“无首凶”等等，可云毫无所知。而专读《周易》文字者，又不辨文字所指的象数，且视卦象为虚设，初九、九二等爻名为赘疣，其何以认识《周易》文字之内容。战国时形成的“观象系辞”“制器尚象”等概念，久已不为仅知文字者所能理解，此为限于读经部易书的莫大缺点。唯二大类之各是其是，执而不变，致使《周易》的整体，隐而未见，郁而未发，斯诚阐明《周易》的一大障碍，而在今日必须究其合之道。

三年前福建师大的黄寿祺教授介绍江国梁同志携其所写的易著来沪读《易》，一翻目录即知其仅论《周易》的象数。而江同志于业余之暇，曾从黄教授专心读《易》，非不知《周易》文字者可比。而其象数之学既承家传，又多本人的心得。粗略观之知其言有所见，于传统的象数能兼收并蓄而近反诸身，唯尚有乱而未萃之感。乃以《周易》本具的象数语之，要在先后天方位与天地十数等。且告以自殷墟、周原发现“数字卦”后，尤见《周易》的原理确在象数。然当深入理解“观象系辞”与“制器尚象”之旨，今当尽力说明象数之理以减少其神秘感，庶可易简而得天下之理，以起象数应有的作用，决不可再增加神秘感。其后曾数次来沪讨论之，而其著述日趋完善。数月前示其定稿而请为之序，辞之不获，勉以言之。

全书凡上下两编。上编为“先后天图象与阴阳之道”，下编为“参伍以变与天地数”，以是当《周易》的象数，或已能日新其德而有一握之象，足以自慰其学《易》之诚。观《周易》有先后甲庚之时，七日来復之期，天之先后凡研《易》者首当知之。《文言》释乾五，有名句曰“先天而天弗违，后天而奉天时”，义当游心于先后之际，以见阴阳之道。识此以观图象，可隤然而入知来藏往同异之境。否则先天而天违，亦何贵乎以阴阳测不测之神。老子曰“前识者道之华也而愚之首也”，宜其“知其白守其黑为天下式，为天下式恒德不忒，恒德不忒复归于无极”。然守黑以奉天时，奉之之际实可密合无间，无间以与天地合德与四时合序，是之谓甲庚，是之谓来復，则亦何碍于有先后天之象。再者象而后有滋，滋而后有数，卦象之本于数，今始得殷周之际的“数字卦”为证。然则于三四千年前已知用天地十数以喻其象，况当时早有六十花甲之次，可见龟卜的象、蓍筮的数，非贸然之事而自有其识见。历代积累其经验，既有所增益，亦有所遗佚，中国古代科技的确出在其中，其间之变化非一言可尽。然可由象数以形成种种数学模式，则凡三才之道、图书之变，又可确然而出天人医理大小之表。且阴阳五行术数之法，莫不以统计概率为主，体此象数之旨，贵得出入无疾之理，以观不舍昼夜之逝水，则实有其精华。未知江同志以为善否？

公元1988年3月2日农历戊辰元宵节

潘雨廷序于沪寓

后记二

潘雨廷先生自述，他平生使用过三个名号：二观二玩斋主、槖籥轩主、如实室主（参见《潘雨廷先生谈话录》七），分别对应儒、道、佛三类文献，其中最常用的是二观二玩斋（或简称观玩斋）。在遗存的手稿中，有几种题为《二观二玩斋易说》，都没有完成。然而，其中有重要内容，不容埋没，故整合编为此书。

其中有一册是早年的，字迹比较潦草，自序于丙申（1956年），本意是汇聚论说易道之文。其时潘先生三十岁出头，正是有为的青年。文稿中提及癸巳（1953）、乙未（1955）、丁酉（1957）、戊戌（1958）、庚子（1960）、壬寅（1962）、丙午（1966），历时二十多年，记录了他不断进展的读《易》过程。文稿中有不少是著作的序跋，而对应的著作部分已散佚，如《周易浅释》《论天地数》《贞悔之变》《易解选》，于序跋尚能见其运思痕迹。有些已整理出版，如《聚录〈神形篇〉之总断》《〈神形篇〉跋》《〈神形篇〉又跋》《〈衍变通论〉自序》《〈易则〉自序》，已收入《潘雨廷著作集》（十三册十九种，上海古籍2016版）中。尽管重复出现，此处仍予保留，以方便阅读。

将来汇集成《著作集》续编，拟删除列为存目。至于《〈周易终始〉自序》《〈周易终始〉附识》，其原书非常重要，因潘先生另有交代，整理尚有待时日。《希夷先生卧像赞》既见此册，又见《如篇集》，而且后者有注，故删除以为存目。《二观二玩斋易说》（笔记）有相同此条，也依例删除（原位置在《易象义例通释》后，卦辞言“元亨利贞”之卦凡七前）。文章中《取象分类考》，可参考《周易表解》附录《二篇取象》。此册相对完整，按照《先秦诸子释义》体例，列为甲编。

在《二观二玩斋易说》题目下，作者还有其他写作。有些是成熟的文稿，比如说，有一册《二观二玩斋易说选》，包括四篇：《卦爻辞析义》《十翼析义》《荀氏、虞氏卦变考》《论忧患与序卦》（自注：约2万5千字）。因为已拆散，分别收入《易学史入门》正文和《周易虞氏易象释》《论吾国文化中包含的自然科学理论》附录中，这次没有编入。还有些是零碎丛稿，以“释……”为主，此次整理列为乙编。其中《周易格物图》自序，即甲编“《周易》格物论”，前半相同，后半不同，可看成《释变易》的导论。而《说易》《释元》《释诚》（甲编作《论诚》）三篇和甲编重出，对比后内容一致，而且甲编更完整，故删乙存甲。不太整齐之处，整理者有所修订。和原稿不在一起的散页，还有《释章》，补入供参考。另外还有一册《二观二玩斋易说》属于笔记，原稿用毛笔所写，时间可能在甲编之前，补入以为殿。《释章》和笔记，另外加＊号以示区别。

合此甲乙两编，尽可能保留原稿面貌，并自然产生呼应。乙编中《释变易》最重要，是未写成的纲领，可作为全书的核心。将来如有易学大才，或可补足其中所缺之图。连接甲编的《周易格物论》和乙编的自序，补充以笔记的《六龙旁通图》，可形成似断似续的联系。最后有附录三篇，其一是没有写成的残篇，当时未列入《易学史大纲》中，编《易学史丛论》中也没有收入，故列于此处，以观其澜。另两篇是潘先生写的序论，既可见作者对前辈学者的尊重，也可见他对年轻人的奖挹。

《如籥集》是潘先生的诗，列为丙编，可以考见潘先生的交游和思想。潘先生的成就不在文学，此书的价值在于观其易象。部分词汇有受时代影响之处，尽管作者对此另外有特殊定义。《希夷先生卧像赞》，既见于甲编和乙编，也见于此，可见三编之间的联系。此编陆续写于1965年—1975年，提及的马一浮先生去世于1967年、熊十力先生去世于1968年、薛育津（即薛学潜）先生去世于1969年，而提及的刘公纯先生去世于1979年，可以考见大体的时间。此集之诗，大致以记游为主为地，首尾缀以师友亦及家人为人，而末有浩瀚壮阔的《宇宙五吟》为天。本集之外，尚有《美国二百年吟》，回顾美国的历史，可见潘先生作为当时的读《易》之人，对大洲大洋的地缘性关注。

本书的材料相对琐碎，整理花费了较长时间。查最早的电子文档标记是2009年，如此说来也已十年。叶沙女士不厌其烦，细心录入了全部文稿。黄德海先生校对了一遍。

张文江

2018年4月12日

图书在版编目（CIP）数据

先秦古籍选辑释义·二观二玩斋易说/潘雨廷著．-- 北京：作家出版社，2022.9

ISBN 978-7-5212-0751-4

Ⅰ．①先…　Ⅱ．①潘…　Ⅲ．①先秦哲学-研究　②《周易》-研究　Ⅳ．①B220.5

中国版本图书馆 CIP 数据核字（2019）第 234271 号

先秦古籍选辑释义·二观二玩斋易说

作　　者：潘雨廷
整　　理：张文江
责任编辑：李宏伟
装帧设计：**合和工作室**
出版发行：作家出版社有限公司
社　　址：北京农展馆南里 10 号　　**邮　　编**：100125
电话传真：86-10-65067186（发行中心及邮购部）
86-10-65004079（总编室）
E-mail: **zuojia@zuojia.net.cn**
http://www.zuojiachubanshe.com
印　　刷：三河市紫恒印装有限公司
成品尺寸：145×210
字　　数：215 千
印　　张：9.625
版　　次：2022 年 9 月第 1 版
印　　次：2022 年 9 月第 1 次印刷
ISBN 978-7-5212-0751-4
定　　价：60.00 元
